国家高端智库 NATIONAL HIGH-END THINK TANK

上海社会科学院重要学术成果丛书·专著

"双碳"目标下汽车制造行业的全球变革及应对策略研究

Research on the Global Transformation and Countermeasures of the Automobile Manufacturing Industry Under the Carbon Peaking and Carbon Neutrality Goals

王秋玉 / 著

上海人民出版社

本书出版受到上海社会科学院重要学术成果出版资助项目的资助

编审委员会

总　序

当今世界,百年变局和世纪疫情交织叠加,新一轮科技革命和产业变革正以前所未有的速度、强度和深度重塑全球格局,更新人类的思想观念和知识系统。当下,我们正经历着中国历史上最为广泛而深刻的社会变革,也正在进行着人类历史上最为宏大而独特的实践创新。历史表明,社会大变革时代一定是哲学社会科学大发展的时代。

上海社会科学院作为首批国家高端智库建设试点单位,始终坚持以习近平新时代中国特色社会主义思想为指导,围绕服务国家和上海发展、服务构建中国特色哲学社会科学,顺应大势,守正创新,大力推进学科发展与智库建设深度融合。在庆祝中国共产党百年华诞之际,上海社科院实施重要学术成果出版资助计划,推出"上海社会科学院重要学术成果丛书",旨在促进成果转化,提升研究质量,扩大学术影响,更好回馈社会、服务社会。

"上海社会科学院重要学术成果丛书"包括学术专著、译著、研究报告、论文集等多个系列,涉及哲学社会科学的经典学科、新兴学科和"冷门绝学"。著作中既有基础理论的深化探索,也有应用实践的系统探究;既有全球发展的战略研判,也有中国改革开放的经验总结,还有地方创新的深度解析。作者中有成果颇丰的学术带头人,也不乏崭露头角的后起之秀。寄望丛书能从一个侧面反映上海社科院的学术追求,体现中国特色、时代特征、上海特点,坚持人民性、科学性、实践性,致力于出思想、出成果、出人才。

学术无止境,创新不停息。上海社科院要成为哲学社会科学创新的重要基地、具有国内外重要影响力的高端智库,必须深入学习、深刻领会习近平总书记关于哲学社会科学的重要论述,树立正确的政治方向、价值取向和学术导向,聚焦重大问题,不断加强前瞻性、战略性、储备性研究,为全面建设社会主义现代化国家,为把上海建设成为具有世界影响力的社会主义现代化国际大都市,提供更高质量、更大力度的智力支持。建好"理论库"、当好"智囊团"任重道远,惟有持续努力,不懈奋斗。

上海社科院院长、国家高端智库首席专家

目　录

总　序 1

引　言 1

第一章　绪论 5

　　第一节　研究背景 5

　　第二节　汽车制造业"双碳"目标实现的通用之法 15

　　第三节　汽车制造业低碳发展的动力机制 26

第二章　汽车制造业低碳化的相关理论基础 37

　　第一节　行为主体层面:资源基础理论和三螺旋理论 37

　　第二节　协同创新层面:区域创新系统和创新模式理论 44

　　第三节　外在要素层面:循环经济与绿色消费理论 50

第三章　全球汽车制造业的新格局和新特点 55

　　第一节　研究方法与数据来源 55

第二节　全球汽车制造关键技术发展预测　　　58

第三节　全球汽车制造行业的发展方向　　　69

第四章　世界主要国家汽车制造业发展战略的比较研究　　　80

第一节　美国汽车制造业发展战略剖析　　　80

第二节　德国汽车制造业发展战略剖析　　　87

第三节　日本汽车制造业发展战略剖析　　　92

第四节　中国汽车制造业发展战略剖析　　　97

第五节　全球汽车制造业战略的对比　　　109

第五章　全球新兴高科技企业的关键策略研究　　　115

第一节　特斯拉集团　　　115

第二节　优步集团　　　124

第六章　全球老牌汽车制造企业的关键策略研究　　　129

第一节　大众集团　　　130

第二节　宝马集团　　　140

第三节　戴姆勒集团　　　146

第七章　价值链知名企业的关键策略研究　　　153

第一节　博世集团　　　153

第二节　巴斯夫集团　　　159

第三节　宁德时代　　　164

第八章 后发追赶汽车制造企业的关键策略研究   176

  第一节 吉利集团发展策略研究   176

  第二节 比亚迪集团发展策略研究   188

第九章 中国汽车制造业转型发展升级的对策建议   198

  第一节 全球汽车制造企业转型升级的四个变革方向   198

  第二节 中国汽车制造业转型发展的政策需求重点   200

  第三节 中国汽车制造业转型发展的配套条件   205

  第四节 中国汽车制造业转型发展的推进计划   212

结 论   215

附件 德国工业期刊汽车制造业主题文章汇总   220

参考文献   230

引　言

　　2021 年 10 月 12 日，习近平主席在《生物多样性公约》第十五次缔约方大会领导人峰会上指出，中国将陆续发布重点领域和行业碳达峰实施方案，并拟在 2060 年实现碳中和的宏伟目标。与发达国家一同践行"双碳"承诺，彰显大国责任，也面临诸多挑战。首先，发达国家多属自然达峰，并与经济发展、城市化率及能源结构高度耦合，中国目前尚处碳排放的快速增长阶段，预计达峰时间为 2030 年；然而，欧盟、美国从碳达峰到碳中和间隔时间分别为 60 年、40 年，而中国仅有 30 年，能源与经济转型的速度和力度比欧美国家势必要大得多，碳排放下降通道短且陡，属于政策驱动下的较低经济发展水平与低峰值的被迫"达峰"。其次，中国当前制造业转型升级不仅面临西方发达国家"卡脖子"的限制，还存在中低端环节外流迁移的风险。最后，国际话语权和规则制定权的缺失，欧盟和美国凭借经济、科技和市场等领域优势，占据了碳市定价的话语权，频频施压，中国在碳定价体系、责任分配、信任机制、核查制度、碳信息披露等方面备受掣肘。

　　在"双碳"目标及工业智能化双重背景的叠加之下，大众、宝马、戴姆勒等跨国车企新近公布了各自的碳中和时间表或减碳计划，可以肯定的是，碳中和正在改变现有驱动技术和生产模式，颠覆燃油车时代的供应链和销售体系。本书拟选取全球汽车制造行业进行专题研究，基于以下考量：其一，汽车产业作为制造业中的集大成者,是能源消耗和使用较为密集的部门,需要能源、交通、工业、材料、水与废水管理多个领域的协同,并涉及清洁生产技术(设计、工艺、设备等),是"双碳"目标实现的支柱型行业,极有可能"被迫"加快脱碳。其二,汽车制造业创新与碳排的减少可以对前后环节实现"反哺",涉及交通运输、原料供应以及再利用等多个环节,是打造循环经济的关键节点性部门,也是"双碳"目标实现的载体型行业。其三,新能源汽车、智联网汽车和共享汽车被誉为汽车制造业"双碳"目标实现的破解之法,虽然中国与欧美在汽车制造行业及其细分行业门类之间尚存差距,但汽车制造相关低碳技术的新兴技术机会窗口涌现,各种低碳绿色技术、新能源汽车、零碳钢铁等新型脱碳化技术产品的机遇不容错过。

基于此,本书以上海市科学技术委员会软科学重点项目"'双碳'目标下汽车行业的全球变革及应对策略研究"(22692106300)、国家自然科学基金重点项目"长三角战略性新兴产业创新网络地域空间结构研究"(42130510)、国家自然科学基金面上项目"长产业链制造业创新合作机制及其产业公地构建研究"(42271197),以及上海社会科学院重大系列课题之"双碳"战略研究系列研究项目"汽车制造行业的'双碳'战略变革:国际经验与上海行动"(2022ZD030)为支撑,在上海社会科学院生态与可持续发展研究所所长周冯琦研究员的指导下,综合依据汽车制造业低碳化的相关理论基础,展开本研究。

从理论研究来看,学术界对汽车制造业低碳化研究在三个维度上展开:第一,宏观层面,聚焦于国家/区域汽车制造业低碳化标准的制定,诸如:行业能源效率和碳税标准、ISO 标准(Gibson et al., 2015;Siskos et al., 2015;Pauliuk et al., 2021;赵隆昌等,2021)。第二,中观层面,重点关注汽车制造业低碳化发展的组织和管理策略,诸如:汽车制造业可持续发展的动因及趋势、低碳能源与替代战略的效益评估、能源管理系统的开发、汽车制造工业的演进、智联网汽车的发展战略、汽车制造数字化等(Bartnik et al.，2018；胡金玲等，2020；Rjab and Mellouli，2021)。第三，微观层面的研究成果颇丰，一般以企业、高校等行为主体为研究对象，关注低碳化的生产过程及其创新技术，包括汽车生产过程能耗、汽车工艺生命周期分析、对汽车制造环节的案例研究、低碳材料和部件的研发等(Giampieri et al.，2020；李光霁和刘新玲，2020)。总体来说，现有研究已取得了诸多有益的成果，但是仍存在以下不足：一方面，学界现有研究仅停留在观点探讨和案例分析上，尚未出现汽车制造业全生命周期转型升级的专题研究，机理性的理论研究匮乏；另一方面，基于产业关联性强、技术涉及面广、价值链全球式布局的特点，汽车制造供应链企业之间唇齿相依、交错共生，但是，新兴高科技汽车企业、传统汽车制造企业、供应环节制造企业、使用端平台企业之间，必然因技术权力能级、价值链层级、发展阶段等属性特征间的差异，具有迥异的减排策略，亟须辩证看待。

本书旨在深入研究"双碳"目标对全球汽车制造行业的影响，系统分析汽车产业链、价值链与创新链的新动向，本书的主要贡献有二：其一是通过辨析汽车制造业价值链上游、中游、下游低碳转型升级的建设模式、支持机制与策略，为汽车制造业全产业链和产品生命周期绿色制造体系的打造奠定坚实的认知基础；其二是全面梳理新兴汽车制造企业、老牌汽车制造企业、全球知名汽车供应商企业，以及使用端高科技平台型企业的低碳发展策略，筛选汽车制造业价值链不同环节企业的技术布局、战略重点，对于把握新形势下新一代技术先发优势和汽车制造业创新机遇具有重要意义。经研究发现，尽管实现方式、具体策略和时间节点各异，但殊途同归，其背后显现的是汽车行业产业链、价值链、供应链乃至社会层面的全方位竞争。在借鉴美国、德国、日本等国家及其知名汽车制造及供应商企业变革与策略的基础上，提出扶持企业向科技研发转型、狠抓关键核心技术研发、推进全生命周期的绿色零碳化进程、加速完善产业链供应链和优化减碳支撑服务系统等五个维度15条应对之策，以服务"2030年实现碳达峰、2060实现碳中和"的宏伟目标。需要指出的是，本书研究仅基于案例国家及相关企业的质性分析，缺乏基于科技论文、项目、联盟、发明专利等为指标和表征的量化研究，这些均是未来有待完善的重要内容。

第一章
绪　论

第一节　研究背景

一、"双碳"目标成为全球层面共同的战略行动

气候问题日渐成为全球治理核心关切的纽带性议题,全球主要经济体纷纷宣布碳中和目标,《巴黎协定》构建了全球适应气候变化的国际治理框架,碳中和正在重建国际关系。主要经济体围绕碳中和展开战略竞赛,全球碳中和交流合作与碳中和战略互动也不断加深。在合作层面上,既有联合国气候变化大会、《巴黎协定》等全球性碳中和合作框架,以及"C40 城市集团""气候行动领导人"企业家社区等合作联盟组织,也有《欧洲绿色协议》"区域气候周""UK 100"城市网络等区域层面碳中和合作协议。在合作机制上,全球气候合作主要为气候倡议、气候援助、气候投融资、多边合作基金等,并主要表现为多边和双边合作、气候援助、政府间项目援助、委托国际组织资金援助和适应援助等合作形式。在合作内容上,主要是美国、欧盟、日本等发达国家或地区向发展中国家,尤其是最不发达国家提供资金、技术支持,如 2009 年哥本哈根气候变化大会上发达国家就做出承诺,在 2020 年前

每年向发展中国家提供 1 000 亿美元气候援助资金,对发展中国家提高应对气候变化能力的援助,也是近十余年来联合国气候变化大会以及《联合国气候变化框架公约》和《巴黎协定》的核心内容(姜晓群等,2021)。

但是,美国国家海洋和大气管理局(National Oceanic and Atmospheric Administration)数据显示,自 20 世纪 80 年代以来,每一个十年都比前一个更加温暖,2012—2022 年全球平均地表温度(陆地和海洋)升高 0.66 ℃—1.03 ℃,大气中的温室气体浓度仍在持续增加,全球变暖趋势加剧。根据联合国环境规划署《2022 排放差距报告》(Emissions Gap Report 2022),预计 21 世纪末全球变暖有 66% 的可能性将达到 2.8 ℃,根据《巴黎协定》中"全球变暖限制在 2 ℃以内,争取 1.5 ℃"的愿景目标,需要在当前政策情境下实现 30%—45% 的减排力度,平均年减幅约 4%—6%(表 1.1)。

表 1.1　2030 年全球温室气体排放总量和不同情景下的预计排放差距

情　况	到 2030 年的温室气体排放总量(GtCO2e)	到 2030 年的预计排放差距(GtCO2e)		
	中位数和范围	低于 2 ℃	低于 1.8 ℃	低于 1.5 ℃
目前的政策情境	58(52—60)	17(11—19)	23(17—25)	25(19—27)
无条件的 NDCs	55(52—57)	15(12—16)	21(17—22)	23(20—24)
有条件的 NDCs	52(49—54)	12(8—14)	18(14—20)	20(16—22)

资料来源:UNEP, Emissions Gap Report 2022[R/OL], 2022-10-27, https://www.unep.org/resources/emissions-gap-report-2022.

在这种背景下,全球主要经济体围绕碳中和展开战略竞赛,同时全球碳中和交流合作与碳中和战略互动也在不断加深。根据 Climate Watch 数据,截至 2022 年 3 月,全球已有 157 个缔约方(代表 156 个国家)提交了新的国家自主贡献目标(NDC),约占全球 83.2% 的碳排放量;有 51 个缔约方提交了"到 21 世纪中叶长期低温室气体排放发展战略"(长期战略,或LTS)。从碳中和承诺方式看,除了苏里南、不丹两个已实现碳中和的国家

表 1.2 全球各国(地区)碳中和承诺情况

进展	国家(承诺目标年)
已实现	苏里南、不丹
已立法	德国(2045)、瑞典(2045)、日本(2050)、法国(2050)、英国(2050)、韩国(2050)、加拿大(2050)、西班牙(2050)、爱尔兰(2050)、丹麦(2050)、匈牙利(2050)、新西兰(2050)、欧盟(2050)
出台政策文件	马尔代夫(2030)、芬兰(2035)、冰岛(2040)、安提瓜和巴布达(2040)、美国(2050)、意大利(2050)、澳大利亚(2050)、比利时(2050)、罗马尼亚(2050)、奥地利(2050)、智利(2050)、葡萄牙(2050)、希腊(2050)、厄瓜多尔(2050)、巴拿马(2050)、克罗地亚(2050)、立陶宛(2050)、哥斯达黎加(2050)、斯洛文尼亚(2050)、乌拉圭(2050)、卢森堡(2050)、拉脱维亚(2050)、老挝(2050)、马耳他(2050)、斐济(2050)、伯利兹(2050)、马绍尔群岛(2050)、摩纳哥(2050)、土耳其(2053)、中国(2060)、乌克兰(2060)、斯里兰卡(2060)
声明或承诺	巴西(2050)、泰国(2050)、阿根廷(2050)、马来西亚(2050)、越南(2050)、哥伦比亚(2050)、南非(2050)、阿联酋(2050)、哈萨克斯坦(2050)、以色列(2050)、爱沙尼亚(2050)、佛得角(2050)、安道尔(2050)、俄罗斯(2060)、沙特阿拉伯(2060)、尼日利亚(2060)、巴林(2060)、印度(2070)
提议或讨论中	孟加拉国(2030)、尼泊尔(2045)、巴基斯坦(2050)、瑞士(2050)、秘鲁(2050)、埃塞俄比亚(2050)、缅甸(2050)、多米尼加(2050)、苏丹(2050)、斯洛伐克(2050)、保加利亚(2050)、坦桑尼亚(2050)、乌干达(2050)、黎巴嫩(2050)、阿富汗(2050)、赞比亚(2050)、塞内加尔(2050)、布基纳法索(2050)、马里(2050)、莫桑比克(2050)、巴布亚新几内亚(2050)、几内亚(2050)、尼加拉瓜(2050)、塞浦路斯(2050)、特立尼达和多巴哥(2050)、海地(2050)、尼日尔(2050)、马拉维(2050)、卢旺达(2050)、牙买加(2050)、乍得(2050)、毛里求斯(2050)、毛里塔尼亚(2050)、纳米比亚(2050)、多哥(2050)、索马里(2050)、塞拉利昂(2050)、巴哈马(2050)、布隆迪(2050)、冈比亚(2050)、莱索托(2050)、中非共和国(2050)、东帝汶(2050)、塞舌尔(2050)、所罗门群岛(2050)、格林纳达(2050)、圣文森特和格林纳丁斯(2050)、萨摩亚(2050)、圣多美和普林西比(2050)、瓦努阿图(2050)、汤加(2050)、密克罗尼西亚(2050)、帕劳(2050)、基里巴斯(2050)、瑙鲁(2050)、图瓦卢(2050)、厄立特里亚(2050)、也门(2050)、纽埃(2050)、印度尼西亚(2060)

资料来源:王振、彭峰等:《全球碳中和战略研究》,上海:上海社会科学院出版社 2022年版。

以外,德国、瑞典、日本、法国等 13 个国家以立法形式确定了碳中和目标,普遍将碳中和目标年设置在 2050 年前,并提出实现碳中和的实施路径。中国、美国、意大利、澳大利亚、芬兰等 32 个国家已出台相关政策文件、做出政策宣示或以向联合国提交长期战略的形式做出承诺。巴西、印度、阿根廷等 18 个国家也已做出声明或承诺(表 1.2)。除此之外,根据 Net Zero Tracker 的统计数据,已有 713 个地区、1 177 个城市和 1 987 家企业做出承诺。

二、汽车制造业碳排放的降低是"双碳"目标实现的关键

交通、汽车和能源构成了相互支撑、互为约束的碳链条,具体而言,汽车制造业作为制造行业的重要门类之一,向前延伸涉及能源供应系统,向后桥接运输和存储部门,是能源消费最为密集的行业部门之一,并叠加自身在产品制造、成品使用及后续循环利用等减排环节的重要作用,如何加快汽车产业、能源、交通的结构调整,推进车辆新能源化、智能化与能源清洁化减碳协同增效,将是解决环境污染和气候变化问题的重要任务,汽车制造业碳排放的降低是"双碳"目标实现的关键,这一点可在以下研究中被证实:(1)国际能源署(IEA)统计数据显示,2020 年全球碳排放主要来自能源发电与供热、交通运输、制造业与建筑业三个领域,分别占比 43%、26%、17%,交通领域是仅次于能源领域的第二大碳排放领域;(2)由国际可持续交通委员会(ITF)和国际能源署(IEA)联合进行的研究指出,通过推广电动汽车和混合动力汽车等低碳技术,到 2030 年,汽车制造业的碳排放潜力可达到每年 2.4 亿—3.6 亿吨 CO_2 的减排;(3)欧美发达国家在完成工业化以后,交通领域碳排放占比较高,美国交通碳排放占比达到 29%(图 1.1),欧盟交通碳排放占比达 23%(图 1.2),均是第一大排放源。

在这种背景下,以大众、宝马、戴姆勒、保时捷、现代、丰田、本田为代表

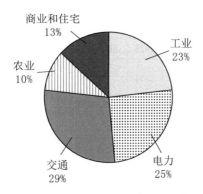

图 1.1 美国 2021 年碳排放量行业构成

资料来源:EPA,United States Environmental Protection Agency,Sources of Greenhouse Gas Emissions,https://www.epa.gov/ghgemissions/sources-greenhouse-gas-emissions.

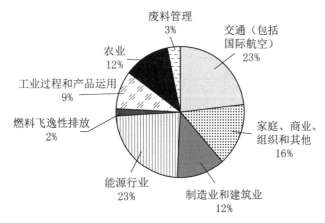

图 1.2 欧盟 2020 年碳排放量行业构成

资料来源:EEA,republished by Eurostat.

的跨国车企密集发布了各自的碳中和时间表或新能源汽车生产计划(表1.3)。诸如:大众集团旨在到2050年实现碳中和,预计到2030年推出70款电动车型,并计划在2030年前投资约150亿欧元用于电动汽车和电池技术发展;宝马计划到2030年将其整个供应链和生产过程的碳排放量减少80%,在2023年推出至少25款电动车型;戴姆勒集团宣布了"欧洲超级电

表 1.3　全球主要车企新能源汽车生产计划

原始设备制造商	2021	2022	2023	2024	2025	2026	2027	2028	2029	2030
宝马集团			25%		15—25%					10
北汽集团	2				1.3					50%
长安汽车(集团)					33					
戴姆勒		10			25%					50%
东风汽车公司	1	30%	1		1				1	1
一汽					40%					60%
福特		40				100%*				
通用汽车集团			22		30	1				1
本田										40%
现代-起亚					1					
					29					
马自达		1								5%
雷诺-日产		20%								
		20%								
马鲁蒂铃木	1									1.5
上汽					30%					30
斯特兰蒂斯					38%*					70%*
					31%**					35%**
丰田集团	1				15					>1
大众汽车					20%					70%
			1		3				26	50%**
					75					
沃尔沃(吉利集团)	1	1	1	1	50%					100%*

新车型(辆)累计销量(百万辆)

* 欧洲市场　　** 中国和美国市场只包括电动汽车和 fcev

　电气销售额比例

　年度销售额(10 万)

新电动汽车车型(数量)

　累计销量(10 万)

资料来源：International Energy Agency（IEA），Global Electric Vehicle Outlook 2021，2021，04.

池工厂"计划,计划到 2030 年前将其整个车辆组合电气化;韩国现代汽车计划到 2045 年实现碳中和,并在 2025 年前投资约 73 亿美元用于电动车和相关技术;日本丰田和本田汽车均计划到 2050 年实现碳中和,并将电动车和燃料电池汽车作为主要发展方向。

三、全球汽车制造业格局进入重塑期

自第一辆世界公认的汽车被制造出来,至今才经历短短的 130 多年,却横跨了三个世纪,并经历了德国、美国、日本三国之间的更迭。进入 21 世纪之后,包括动力总成、底盘、汽车电子在内的传统燃油车技术逐步成熟,技术创新对燃油车更新升级的驱动效果减弱,无论是整车厂还是零部件供应商,世界汽车工业竞争格局趋于稳定。具体来说,从品牌维度来看,严格意义上仅新增上汽集团、吉利汽车 2 家公司进入全球 15 强(克莱斯勒系由戴姆勒 2007 年拆分出来,FCA 系由 FIAT 和克莱斯勒合并而来),市场份额在 10% 以上、5%—10%、1%—5%的整车厂分别有 2 家、4—6 家、7—9 家,分布较为稳定(表 1.4);从汽车零部件供应上来看,德国博世、德国大陆、日本电装等领先企业产品线广度均涵盖多类汽车零部件产品,全球前 20 名供应商中,日、美、德上榜企业分别为 7 家、4 家、3 家,全球前 100 名则为 23 家、22 家、18 家,收入占比分别为 28.3%、14.0%、26.4%。

表 1.4 2000 年以来全球主要汽车厂商及其市场份额统计

排名	2000		2005		2010		2015		2020	
	企业	市场份额	企业	市场份额	企业	市场份额	企业	市场份额	企业	市场份额
1	通用	13.9	通用	13.7	丰田	11.0	丰田	11.2	丰田	12.2
2	福特	12.5	丰田	11.0	通用	10.9	大众	11.0	大众	11.9

续表

排名	2000		2005		2010		2015		2020	
	企业	市场份额	企业	市场份额	企业	市场份额	企业	市场份额	企业	市场份额
3	丰田	10.2	福特	9.8	大众	9.4	现代	8.9	现代	8.9
4	大众	8.7	大众	7.8	现代	7.4	通用	8.3	通用	8.0
5	戴姆勒	8.0	戴姆勒	7.2	福特	6.4	福特	7.1	本田	6.1
6	PSA	4.9	日产	5.3	日产	5.1	日产	5.7	福特	5.4
7	FIAT	4.5	本田	5.2	本田	4.7	FIAT	5.4	日产	5.2
8	日产	4.5	PSA	5.1	PSA	4.6	本田	5.0	FCA	5.1
9	雷诺	4.3	现代	4.7	铃木	3.7	铃木	3.4	雷诺	3.8
10	本田	4.3	雷诺	3.9	雷诺	3.5	雷诺	3.4	上汽	3.3
11	现代	4.3	铃木	3.1	FIAT	3.1	PSA	3.3	铃木	3.3
12	三菱	3.1	FIAT	3.1	戴姆勒	2.5	宝马	2.5	戴姆勒	3.2
13	铃木	2.5	三菱	2.0	克莱斯勒	2.0	上汽	2.5	PSA	3.2
14	马自达	1.6	宝马	2.0	宝马	1.9	戴姆勒	2.4	宝马	3.0
15	宝马	1.4	马自达	1.9	马自达	1.7	马自达	1.7	吉利	1.7
合计	88.7		85.8		77.9		81.8		84.3	

资料来源：林子健：《2022年汽车行业展望：站在格局重塑的起点上》，华福证券，2021，https://baijiahao.baidu.com/s?id=1720356019991142260&wfr=spider&for=pc。

然而，伴随着电动化、智能化的不断深入，汽车产业的核心竞争要素发生转移，特斯拉重视破坏性创新，不仅带来了电动车的创新，也带来了智能化的创新，还带来了对已有汽车制造工艺的创新。某种程度上，特斯拉已经开辟了汽车行业第四次生产方式的大变革，重新洗牌的窗口期已经来临（表1.5），中国已成为许多品牌在全球范围内最大的消费市场，这既得益于中国汽车品牌全面推动品牌向上，逐渐在综合实力上与外国汽车品牌分庭抗礼；更重要的是，中国汽车品牌精准地把握住了新能源汽车发展初期的机遇，通过与智能网联加速融合抢占先机，获得了真正的"弯道超车"时机。

表 1.5 代表车企的生产方式更替与车型换代

	代表车企	车型换代周期
大批量生产方式	福特	7—9 年
精益化生产方式	丰田	5—6 年
模块化生产方式	大众	3—4 年
未来生产方式	特斯拉	1—2 年

资料来源:黄细里:《汽车行业深度报告:拥抱自主崛起!》,东吴证券,2020。

四、中国汽车制造业转型升级空间巨大

中国汽车产销总量已连续 14 年位居全球首位,产量甚至高于欧洲/美洲的汽车产量,上缴利税不断扩大,对于国内生产总值(GDP)的贡献显著增强,汽车行业已经成为稳定就业的重要产业载体。尽管面临新冠疫情肆虐、芯片结构性短缺、美欧恶性打压、动力电池原料价格高位运行等限制性因素的冲击,中国汽车行业却展现出较强的产业韧性。2022 年,产销量分别达到2 702.1 万、2 686.4 万辆,同比增长 3.4%、2.1%(图 1.3)。此外,中国汽

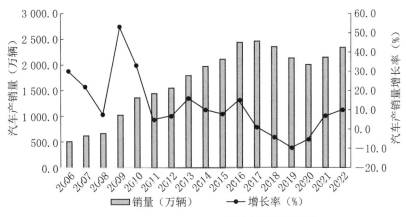

图 1.3 2006—2022 年中国汽车销量及增长率

资料来源:从中国汽车工业协会网站中整理获得。

车商品累计出口总额于 2021 年首次超过 1 000 亿美元,达到 1 267.2 亿美元,已经从传统的非洲、中东市场,逐步向北美特别是欧洲市场拓展。

随着大规模充换电网络加速构建,新能源汽车进入全面市场化拓展期。我国目前已经构建了"十纵十横两环"高速公路快充网。截至 2022 年 3 月,充电基础设施累计数量为 310.9 万台,车桩比约为 2.9∶1,在国际上处于领先地位。传统能源用车从绝对数量上来看仍集中于 A 级,但 A00 和 A0 级燃油车正在加速萎缩;新能源汽车各个级别均呈现高速增长的态势,中国占全球所有新电动汽车注册的近 60%。电动汽车在中国国内汽车总销量中的份额达到 29%,使得中国政府制定的 2025 年新能源汽车销售份额占 20% 的目标已被提前轻松超越(图 1.4)。

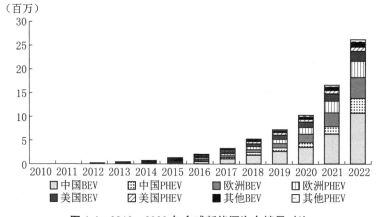

图 1.4　2010—2022 年全球新能源汽车销量对比

BEV(battery electric vehicle):电池电动车;PHEV(plug-in hybrid electric vehicle):插电式油电混合
资料来源:International Energy Agency(IEA),Global Electric Vehicle Outlook 2023,2023,04.

值得一提的是,新能源关键核心技术取得新进展。通过加人研发投入和政策支持,中国汽车制造商迅速推出了一系列具有竞争力的电动汽车模型,随着新能源汽车渗透率、L2 级 ADAS 渗透率不断攀升,核心竞争要素由制造、供应链管理向软件转移,以比亚迪为代表的造车新势力有望突围,这一点可在全球企业市值排名中被证实(表 1.6)。此外,从工业基础、市场规模、消费者需求洞察、核心技术等角度看,世界汽车制造业中心有望在中国和美国之间产生,中国在动力电池产业链优势明显,且具备强大的互联网和消费电子产业。最后,从电池生产制造来看,目前主要集中在中国、日本和韩国,在前 20 大电动汽车制造商中,有 9 家总部设在中国、4 家在欧洲、3 家在美国、3 家在日本、1 家在韩国。

表 1.6 2023 年全球市值排名前 20 位企业名录

排序	公司名称	4 月市值 (单位:亿元)	排序	公司名称	4 月市值 (单位:亿元)
1	特斯拉	36 012.98	11	本田	3 285.58
2	丰田	15 358.66	12	福特	3 285.41
3	宁德时代	10 148.17	13	通用	3 175.46
4	保时捷	7 558.16	14	电装(Denso)	3 452.65
5	比亚迪	7 448.45	15	沃尔沃	2 868.42
6	梅斯德斯奔驰	5 670.46	16	现代	2 447.29
7	大众	5 256.94	17	长城	2 279.44
8	宝马	5 024.58	18	玛鲁蒂铃木	2 208.02
9	斯特兰蒂斯	3 644.12	19	康明斯	2 176.64
10	法拉利	3 498.40	20	Mobileye	1 999.57

第二节 汽车制造业"双碳"目标实现的通用之法

汽车制造业创新与碳排的减少可以对前后环节实现"反哺",涉及交通运输、原料供应以及再利用等多个环节,是打造循环经济的关键节点性部门。可持续发展的汽车必须采用绿色电力;在制造和使用这两个阶段必须践行循环经济原则(世界经济论坛,2020)。基于以上原则,以电气化、自动化、连接性、数字化、脱碳、去中心化和标准化为主要特征的智能网联汽车、新能源汽车以及共享汽车成为全球汽车制造业的主流发展方向。

一、智能网联汽车

一般来说,绿色化与数字化是相辅相成、相互促进的两个环节,从汽车设计、制造、管理,以及相应的材料、装备、工艺、能耗监测等各方面来看,均需要数字化嵌入而实现全生命周期减碳目标。根据亿欧智库《2022 全球低碳创新应用报告》的分析结果,不管哪个维度的生活场景,人工智能、区块链、物联网、数字孪生、大数据、机器人技术在内的数字技术对交通、建筑、能源、工业、园区、消费环节的深度嵌入(表 1.7),色块深度反映了数字计划在各个环节的嵌入强度,数字技术不仅是实现碳中和的钥匙,同时也是未来汽车低碳绿色生态系统建设的关键环节。

表 1.7　前沿技术在低碳生活场景的作用环节

低碳维度		物联网	人工智能	区块链	清洁能源	数字孪生	大数据	机器人	生物科技
交通	人								
	车								
	燃料								
	系统								
	道路								

续表

低碳维度		物联网	人工智能	区块链	清洁能源	数字孪生	大数据	机器人	生物科技
建筑	规划								
	设计								
	建设								
	运营								
	拆除								
能源	发								
	输								
	变								
	配								
	用								
	储								
工业	设计研发								
	生产								
	物流								
	销售								
	服务								
园区	规划布局								
	能源利用								
	循环经济								
	园区管理								
消费	原材料								
	供应链								
	生产加工								
	零售终端								
	回收及再利用								

资料来源:亿欧智库:《2022 全球低碳创新应用研究报告》。

汽车的智能化和网联化是汽车制造业转型升级的关键。当前,在大数据、云计算、工业互联网集群突破、融合应用的基础上,人工智能实现战略性突破,信息化进入了以新一代人工智能技术为主要特征的智能化阶段(Zhou et al.,2018),智能网联汽车应运而生。智能网联汽车是一种跨技术、跨产业领域的新兴汽车体系,不同角度、不同背景对它的理解是有差异的,各国对于智能网联汽车的定义不同。但其本质都是更侧重于解决安全、节能、环保等制约产业发展的核心问题,其本身具备自主的环境感知能力,其聚焦点是在车上,发展重点是提高汽车安全性,终极目标是可上路安全行驶的无人驾驶汽车。美国将发展智能网联汽车作为发展智能交通系统的一项重点工作内容,通过制定国家战略和法规,引导产业发展,并于2016年发布了《美国自动驾驶汽车政策指南》。日本较早开始研究智能交通系统,政府积极发挥跨部门协同作用,推动智能网联汽车项目实施,计划2020年在限定地区解禁无人驾驶的自动驾驶汽车,到2025年实现在国内形成完全自动驾驶汽车市场目标。欧盟则支持智能网联汽车的技术创新和成果转化,通过发布一系列政策,以及自动驾驶路线图等,推进智能网联汽车的研发和应用,确保在世界上保持领先优势。2016年,工信部组织行业制定智能网联汽车的发展战略、技术路线图和标准体系;2022年12月12日,首条智能网联汽车无人驾驶示范应用线路正式开通,横琴自动驾驶正式开始载人上路;2023年4月18日,百度智行获得上海市首批智能网联汽车示范运营通知书,正式在嘉定区启动智能网联出租示范运营。

学界和业界对智能网联汽车的研究主要集中在以下几个方面:其一是智能网联汽车信息物理系统架构(Alshdadi,2021)及其关键技术构成,诸如:路径规划技术、智能计算、安全认证技术等(卢嘉悦和李艳,2021);其二是智能网联汽车节能优化技术,以及"人—车—路—云"协同节能系统的构成(洪金龙等,2021),如:经济驾驶(eco-driving)技术、车路协同智能路网综合控制技术、车云协同节能技术开发等(Guo et al.，2016；Liao et al.，2021);其三是智能网联汽车的广泛应用涉及交通管理和政策层面的问题,学界和业界研究如何优化交通流动性、提高交通安全性,以及制定适应智能网联汽车发展的政策和法规。

二、新能源汽车

新能源汽车是指采用非常规的车用燃料作为动力来源(或使用常规的车用燃料、采用新型车载动力装置),综合车辆的动力控制和驱动方面的先进技术,形成的技术原理先进、具有新技术、新结构的车辆。新能源车包括五大类型:混合动力电动汽车、纯电动车、太阳能车、燃料电池电动车、增程式电动汽车。新能源汽车作为汽车产业转型发展的主要方向,凭借其能够有效缓解能源和环境压力的巨大优势已取得了积极的推广和发展,被认为是替代传统燃油汽车实现环境保护的最佳选择(阿迪拉等,2020)。

在"双碳"目标下,新能源汽车正在引领"脱碳"大潮,也因此成为世界能源版图中最热门的竞争领域。一般来说,与传统汽车相比,具有以下优势:(1)零排放,尽管电池制造的过程碳排放可能较多;(2)发动机元件的数量较少,维护费用大大降低,且不容易发生故障,可靠性明显提升;(3)由于没有振动或发动机噪声,更加舒适;(4)可再生能源供给的电动汽车显示出高达70%的整体效率(图1.5)。根据国际能源署(IEA)分析,2021—2025年全球新能源车渗透率大幅提高,销量复合增长率有望达30%。从保有量来看,到2030年,全球新能源汽车保有量将达到1.3亿辆。

世界主要经济体相继出台了中长期发展规划及新能源汽车刺激政策,促进新能源汽车产业链市场发展和技术提升。不同国家的产业战略路线存

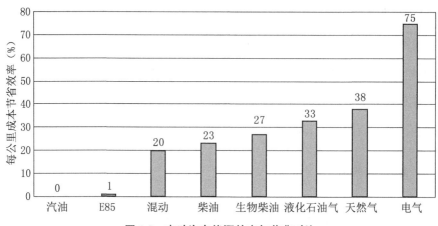

图 1.5 电动汽车能源效率与花费对比

资料来源：Sanguesa J. A.，Torres-Sanz V.，Garrido P.，Martinez F. J.，Marquez-Barja J. M.，2021，"A review on electric vehicles：technologies and challenges"，*Smart Cities*，4（1），pp.372—404.

在差异，例如，英国、芬兰和瑞典采取以混合动力汽车（PHEV）为主的替代路线，中国、美国、德国、韩国、挪威和荷兰等，则是以纯电动汽车（BEV）为主。美欧正在将发展新能源汽车产业升级为国家战略，旨在掌握关键零部件生产和技术研发，减少对外依赖，建立本土化供应链。美国拜登政府加大政策支持，将发展新能源汽车产业升级为国家战略。美国白宫官网于 2021 年发布公告，拜登签署了"加强美国在清洁汽车领域领导地位"的行政命令，设定了美国到 2030 年零碳排放汽车销量达 50% 的重大目标，并联合通用、福特和斯特兰蒂斯等美国主要车企发布联合申明，希望在 2030 年美国电动汽车渗透率达到 40%—50%，确保美国汽车行业在全球的领先地位。行政令特别明确了零排放汽车的内涵，除传统纯电动汽车（BEV）、插电式混合动力汽车（PHEV）外首次强调了氢燃料汽车（FCEV）。同时提出，燃油车平均油耗需要在 2026 年由目前的每加仑汽油行驶 43.3 英里提高至 52 英里。此次白宫声明旨在制定更加严格的燃油效率和排放标准,倒逼新能源汽车需求,是美国将发展新能源汽车产业设定为其国家战略的标志。欧盟委员会颁布了"欧洲绿色协议",希望能够在 2050 年前实现欧洲地区的"碳中和",通过利用清洁能源、发展循环经济、抑制气候变化、恢复生物多样性、减少污染等措施提高资源利用效率,实现经济可持续发展。其中也包括交通部门的碳减排等各种内容,逐步淘汰内燃机汽车和扩大电动汽车。欧盟正式实施史上最严苛的碳排放法规,过渡期仅一年,无法达标的企业将面临巨额罚款。到 2025 年、2030 年目标排放量将比 2021 年分别降低 15% 和 37.5%。欧洲车企只能通过新能源汽车或者低排放汽车来满足新的标准。在战略规划方面,日本经济产业省 2010 年发布《新一代汽车战略 2010》,支持新一代汽车(BEV/PHEV/HEV/FCV 和清洁柴油汽车等)推广普及,提出到 2030 年,力争混合动力汽车新车销售占总销量的比重为 30%—40%、纯电动汽车和插电式混合动力汽车占比为 20%—30%、燃料电池汽车占比为 3%、清洁柴油车占比为 5%—10%。2014 年,经济产业省发布《汽车产业战略 2014》,提出全球化、研发和人才、系统、产品四大战略;同年,日本政府明确提出加速建设"氢能社会"的战略方向,并发布《氢能/燃料电池战略发展路线图》,提出"三步走"战略并提供研发、示范和补贴等优惠政策。面向 2050 年,日本提出 xEV(BEV/PHEV/HEV/FCV)战略,推进全球日系车 xEV 化以实现从油井到车轮的零排放,围绕促进开放性创新、积极参与国际协调、确立社会系统等方面做出具体部署。同时,各国也在积极布局燃料电池汽车,特别是氢燃料电池汽车。当前,燃料电池汽车正处于由技术研发向商业化推广的过渡阶段。美国、欧盟分别提出到 2030 年推广氢燃料电池汽车530 万辆和 424 万辆,韩国计划到 2040 年累计生产 620 万辆,日本计划在2040 年燃料电池汽车保有量达到 300 万至 600 万辆。

近年来,学界涌现了大量以新能源汽车为主题的研究,主要集中在:其一是新能源汽车在节能、碳减排和污染控制等方面效能的评价,如运用Well-to-Wheels生命周期分析模型来计算电动汽车的能耗和温室气体排放量(Fang et al.,2019;Qiao et al.,2019);江东等(2021)对特斯拉充电设备能耗的增加与其所带来的减排效果进行了权衡,并得出了肯定的结果。其二是新能源汽车技术构成,包括动力驱动、能源存储、安全性能、绿色氢能技术和续航能力等核心技术(朱灿等,2020)。其三是新能源汽车应用推广的影响因素及其减碳效果评价,主要包括市场需求、电能替代政策、地方产业发展及新能源汽车促进政策等,如:王海和尹俊雅(2021)利用中国省级层面新能源汽车产业政策文本数据,得出地方产业政策能够有效激励新能源汽车行业的发展。Zhao等(2021)以23家新能源汽车企业为实证的研究表明,研发能力、政府支持、资金厚度是影响新能源汽车企业创新的关键要素。

三、共享汽车

与智能网联汽车相伴而成的另一个低碳化发展理念是共享化,学术界的相关研究主要集中在:首先,共享汽车直接作用于出行量和汽车需求,并通过人均能耗的减少而实现减排,经合组织(2019)的研究表明,截至2050年,共享汽车的广泛采用可以使城市地区的碳排放减少30%;Akimoto等(2021)、Arbeláez等(2021)、Marczak和Droździel(2020)分别利用全球能源系统模型、荷兰阿姆斯特丹、波兰共享汽车的量化数据进行了相关研究,亦得出了类似结论。其次,共享汽车的推广大幅减少了钢铁和化学产品的使用,Kawaguchi等(2018)通过对汽车全生命周期排放量的模拟,得出共享汽车可以减少以铜为代表的原材料使用;张铁山和惠雅倩(2020)的研究指出,每共享一辆汽车,可以减少 13 辆车的购买行为,进而可以大量减少对上游原材料和能源的需求。最后,学界研究集中在共享汽车推广和运营的影响要素,包括经济水平、交通状况、政策支持、关键技术等方面(陈轶嵩等,2019;Ovidiu 等,2021)。

追根溯源,第一个引用出版汽车共享标识的是 SelbstfahrerGenossen-chaft,汽车共享方案是在 1948 年苏黎世的合作社进行,未来数年后有更多新的发展理念。20 世纪 60 年代,企业家、城市和公共机关作为创新者研究了高科技支持下可能性的交通运输,主要是基于计算机的小型车辆系统(几乎所有的人在不同的轨道),它有可能对现在的服务理念和管理技术有所启发。20 世纪 70 年代则开始出现一条龙的汽车共享项目。法国 ProcoTip 系统仅仅维持了两年。还有一个更加雄心勃勃的“白色汽车”计划,是 1968 年“白色自行车”项目的创始人在阿姆斯特丹推出的。具体来说,是在一个复杂的小型电动车项目基础上,电子控制预定和回程,并计划覆盖整个城市的大部分车站,该项目持续到 80 年代中后期,最终被放弃。20 世纪 80 年代和 90 年代前期,汽车共享时代到来。到 2010 年中期,Zipcar 公司作为世界上最大的汽车共享服务提供商,已占有 80% 的美国市场份额,并拥有全世界一半的汽车共享者。自 2008 年起,包括在美国和欧洲运营的“赫兹连接”公司在内,数家汽车租赁公司推出了自己的汽车共享服务。在 2010 年,一个基于点对点对等模式的全新拼车方法开始实施,这种点对点的租车模式类似于波士顿的“接力乘车”,伦敦和纽约新建立的 WhipCar“来租我车”服务,旧金山的“斯普瑞德汽车公司”和匹兹堡的“Go-Op”公司。

共享汽车的运作模式通常包括以下几个方面:(1)注册和预订,用户需要在共享汽车平台上注册账号并进行验证,然后可以使用平台上提供的应用程序或网站来预订所需的汽车;(2)汽车定位和取车,用户通过应用程序或网站可以查看附近可用的共享汽车,并定位到最近的车辆,可以使用智能手机或者预订的电子钥匙来开启汽车并开始使用;(3)使用和计费,用户在预订的时间内可以使用共享汽车,可以按照使用时长或里程数来进行计费,通常包括基础费用、时间费用和里程费用等;(4)还车和支付,在使用结束后需要将汽车还回指定的共享停车点,确认车辆的状况并结束行程,会收到相应的费用结算。

四、循环汽车

欧洲是循环经济的发源地,早期主要从废弃物治理的角度出发,目标是降低固体废弃物对环境的影响。2008 年国际金融危机爆发,欧盟提出经济发展要由线性增长变为循环型增长模式,在不断提高资源利用效率的同时促进经济的转型发展。2015 年 12 月,欧盟提出循环经济一揽子计划,包括四项废物管理立法修正建议、一个完整的行动计划及后续行动清单,构建了欧盟发展循环经济的战略构想。2019 年 12 月,新一届欧盟委员会发布《欧洲绿色协议》,以 2050 年实现碳中和为核心战略目标,构建经济增长与资源消耗脱钩、富有竞争力的现代经济体系。作为支撑欧盟绿色新政的一个重要支柱,2020 年 3 月 11 日欧盟发布了新版循环经济行动计划,核心内容是将循环经济理念贯穿全生命周期,包括产品设计、生产、消费、维修、回收处理、二次资源利用等各个环节,将循环经济覆盖面由领军国家拓展到欧盟内主要经济体,加快改变线性经济发展方式,减少资源消耗和"碳足迹",增加可循环材料使用率,引领全球循环经济发展。同时,该计划从资金、政策及立法等方面推动循环经济的发展,截至目前,已取得多项工作成果,包括提供超过 100 亿欧元资助、通过了《欧洲塑料战略》、引入生产者责任延伸制度(EPR)、为废弃物立法、提出到 2035 年将垃圾填埋率控制在 10% 以下的目标等。该计划还推动至少 14 个成员国、8 个地区和 11 个城市提出了循环经

济战略。美国国家环境保护局(EPA)于 2021 年发布了《国家回收战略》
(National Recycling Strategy),并重申了到 2030 年将美国的回收率提高到
50％的目标。这项战略确定了为建立一个更有力、更强健且具有成本效益
的美国市政固体废弃物回收系统所需的战略目标和行动。资源回收利用一
直是 EPA 几十年来长期努力的重要部分,以实施《资源保护与再生法》(Re-
source Conservation and Recovery Act),以及推动近期开展"可持续物料管
理"(Sustainable Materials Management)方针,该方针旨在减轻物料在其整
个生命周期中的环境影响。

　　循环汽车(Circular Cars)从属于循环经济的某一测度,是一种概念性的
汽车设计理念,旨在通过循环经济的原则来减少汽车制造和使用过程中对
资源的消耗和环境的影响。循环汽车的设计考虑了可持续性、资源回收利
用和减少废弃物的概念,以最大程度地延长汽车的使用寿命和价值,其设计
原则包括以下几个方面:(1)可持续材料:循环汽车的设计优先选择可持续
材料,如可回收材料、生物可降解材料和可再生材料,以减少资源的消耗和
环境污染。(2)零件共享和模块化设计:循环汽车鼓励零件的共享和模块化
设计,使得零件可以更容易地更换、升级或维修,延长汽车的使用寿命。
(3)循环经济模式,不仅可以带来储存、运输、处理固废过程中碳排放强度的
降低,还可以有效地提高资源利用效率,助力经济的深入发展。Ellen Mac-
Arthur Foundation(2019)的研究指出:如若提升材料再循环利用率,至
2050 年仅汽车循环再制造领域每年就能减少 800 万吨碳排放;魏文栋等
(2021)提出:新能源汽车的退役电池,可对其中的铅酸电池进行置换,可应
用于通信基站、低速电动车等储能领域。(4)全产业链和产品全生命周期绿
色制造体系的评价能够充分量化产品碳排放、碳足迹数据,是国际通用、全
球认可的标准和方法,已成为企业低碳化组织和管理的惯用之法(图 1.6),

颠覆了车企原有在供应端、生产端、使用端的发展结构,更加明确了整车制造碳排放主要环节及影响因子;通过搭建具有科学性、合理性、普适性的整车制造碳排放核算模型,覆盖上游的原材料及零部件生产加工环节与下游的报废处理及再利用环节,从而形成自摇篮到坟墓的完整全生命周期闭环。

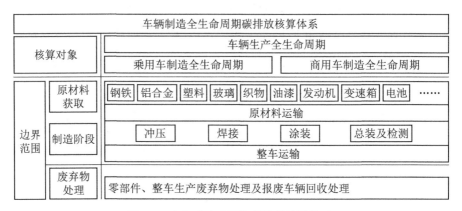

图 1.6　车辆全生命周期碳排放核算体系

资料来源:世界经济论坛:《开拓进取:零碳汽车材料路线图》,赛迪智库,494(21),2021 年 7 月。

第三节　汽车制造业低碳发展的动力机制

一、汽车制造业减碳的特殊性

"双碳"与能源结构、产业结构、生产生活方式密不可分,是一场广泛而深刻的经济社会系统性变革,汽车制造业低碳发展将面对资本密集型、长周期、供应链复杂性、能源转型,以及消费者需求和市场驱动等特殊性挑战,需要政府、企业和社会各界的共同努力。

第一,资本密集型,行业规模化效应显著。汽车制造业需要大量的资金和资源来进行研发、设计、生产和销售汽车。转向低碳发展需要进行技术创新、设备更新和生产线改造,这需要巨大的资本投入。根据欧盟委员会《2022年欧盟工业研发投资记分牌》的榜单(表1.8),全球2021年研发投资最多的2 500家公司,占全球企业研发的86%,汽车领域共有495家企业入围,占比达13.9%。研发投入总额排前三位的汽车和零部件企业分别为大众、梅赛德斯-奔驰和丰田,年投入额在80亿欧元以上,遥遥领先于其他车企,年平均研发强度为5.03%;与此同时,汽车零部件领军企业诸如博世、电装等,研发投入占比整体领先于整车制造企业,均高于6%。

表1.8　2021年全球汽车与零部件领域研发投入百强上榜企业

排序	公司名称	所在国家	研发投入(亿欧元)	占净销售额比例(%)
1	大众	德国	156.0	6.2
2	梅赛德斯-奔驰	德国	89.7	5.3
3	丰田	日本	86.9	3.6
4	宝马	德国	68.7	6.2
5	福特	美国	67.1	5.6
6	本田	日本	63.7	5.1
7	博世	德国	63.3	8.0
8	斯泰兰蒂斯	荷兰	58.9	3.9
9	电装	日本	38.5	9.0
10	日产汽车	日本	37.4	5.7
11	塔塔汽车	印度	30.7	9.4
12	上汽集团	中国	28.5	2.8
13	大陆	德国	26.4	6.9
14	采埃孚	德国	24.7	6.4
15	雷诺	法国	23.6	5.1
16	现代汽车	韩国	23.1	2.6
17	特斯拉	美国	23.0	4.8

资料来源:2022年欧盟工业研发投资记分牌,https://www.maigoo.com/news/663035.html。

　　第二,长周期性,汽车制造业的产品具有较长的生命周期。一方面,新车型研发周期较长,例如大众为代表的德国整车企业一般需 54 个月,以比亚迪为代表的国内的新能源车企基本上能做到 18—24 个月左右;另一方面,根据调查数据显示,汽车使用寿命一般为 10 年左右,例如 2020 年美国私家车的平均寿命为 12.1 年,而日本则达到了 12.6 年。因此,汽车从研发到报废需要数年甚至十几年的时间,这意味着低碳技术的引入和转型需要较长的周期,需要制定长期的战略规划和可持续发展的目标。

　　第三,复杂性。汽车制造业属于组装行业,产业链条长且复杂,汽车制造业减碳涉及多个环节和众多供应商,无法单独解决"双碳"达标的问题。以新能源汽车为例,其本质是在传统汽车基础上叠加电池、电机和专用自动变速器等部件,进行延伸和拓展,其技术分解情况更为复杂(表 1.9)。具体

表 1.9　新能源汽车技术分解

	技术构成	
新能源汽车装置、配件制造	发电机及发电机组制造	适用于插电式混合动力汽车动力系统的专用发动机及发动机组
	新能源汽车电动机制造	适用于新能源汽车的交流感应电机、永磁同步电机开关磁阻电机,以及其他新能源汽车用电动机
	新能源汽车储能装置制造	包括锂离子电池制造、镍氢电池制造、超容电容、燃料电池,以及其他车用储能装置
	新能源汽车零部件配件制造	包括气体压缩机械制造、新能源汽车专用变速器、电动空调系统、电动助力转向系统、电制动系统、增程器、整车电子控制系统、专用接插件等
新能源汽车相关设施与服务	供能装置制造	包括制氢、储氢、加压装置、充氢等气体、液体分离以及纯净设备、用充(换)电站,包括配电站、监控室、充电机、充电平台、充电桩等设施
	试验装置制造	包括新能源汽车整车控制策略硬件仿真系统、混合动力系统试验台、动力电机试验台、储能系统试验台、高压部件试验台、EMC 测试台、发动机测试设备及其他检测设备

资料来源:李远慧:《低碳经济下中国汽车制造企业绿色竞争能力研究》,北京交通大学博士论文,2016 年。

来说:(1)技术涉及领域繁多,涵盖微电子科学、信息技术、光学及无线电电子、化学与生物等多种学科,技术构成包含基础共性技术、架构技术、元件技术和集成技术等四类;(2)集成的行业特点,涉及大规模生产,以及多个工序和供应链,实现低碳发展需要对整个生产过程进行优化,包括原材料的选择、工艺流程的改进和排放的控制等;(3)能源消耗大,需要推动能源转型,包括采用清洁能源供应、提高能源利用效率、推广电动汽车等措施,以减少碳排放和环境影响;(4)汽车产业创新系统是一个复杂巨型网络,普通企业很难凭借一己之力达到,所以企业持续与外部资源链接,创新生态系统的构建与形成并非孤立与静止状态,它与外界联系密切,随时间变化呈现不同程度的多样性(王珍,2023)。

第四,市场和政策驱动性,汽车制造业的低碳发展还需要考虑消费者需求和市场驱动力。首先,消费者对环保和可持续性的关注度不断提高,汽车制造商需要满足消费者对低碳汽车的需求,并通过市场竞争来推动低碳技术的发展和应用。其次,低碳汽车的发展离不开政府扶持,尤其是税费减免、财政补贴、限购豁免等政策,对新能源汽车行业的快速发展作用巨大。最后,新型贸易规则加快全球汽车产业变革,气候变化及严格的碳排放监管政策成为全球汽车制造业行业转型的关键动力,"碳中和"让全球车企面临严苛的排放政策和高昂的罚款,欧盟设立"碳足迹""碳边境调节机制"等相关规定,以碳为核心的新型贸易壁垒正在形成,计划到2040年左右在售新车必须全面电动化;最迟到2035年,全球主要汽车市场将仅允许零排放汽车/纯电动汽车/燃料电池汽车注册登记(图1.7)。

第五,非均衡性。第一,全面层面的市场化发展不均衡、不充分,产品性能和质量尚难满足消费者全气候、全场景使用需求;第二,与乘用车相比,商用车碳排放量占汽车行业总量的55%,但其低碳转型进展却相对缓慢,

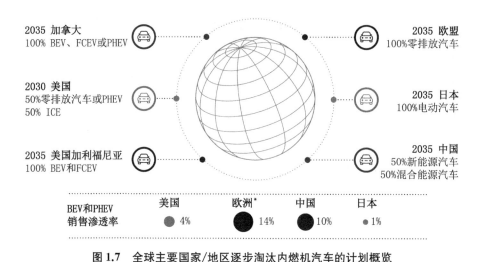

图 1.7　全球主要国家/地区逐步淘汰内燃机汽车的计划概览

资料来源:德勤:《全球汽车供应商 2022 年第一季度最新动态报告》2022 年 5 月 31 日。

2022 年新能源商用车渗透率仅为 10.2%,中重型货车新能源渗透率更是不足 2.7%;第三,与高速增长的新能源汽车市场需求相比,充换电、加氢网络、车路协同的基础设施建设仍相对滞后。

二、关键行为主体及要素构成

本书通过系统地梳理国内外已有研究,认为汽车制造业低碳转型及其创新系统是涉及多种行为主体、要素在时间、空间上所组成的复杂系统(图 1.8),主要包括:(1)行为主体:企业、高校、科研院所、政府,以及中介机构、金融机构等结构性实体所形成的四种组团,一般来说,高校、科研院所主要承担基础性及共性技术的研究,企业则主要进行技术及产品的应用及市场化研究,中介机构和地方政府起辅助作用。(2)各主体间形成的创新知识交互与流动,链接形式包括正式的市场、链接关系,以及非正式的知识溢出、关系构成等。(3)政策、市场、法律、基础设施、公共服务等内外区域创新环境要素。

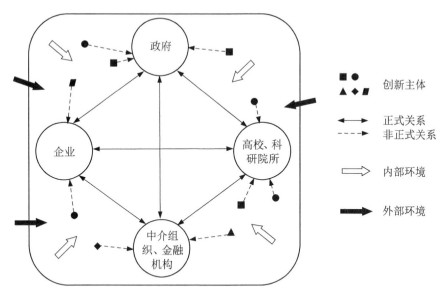

图 1.8 汽车制造业协同创新要素的基本构成

第一,考虑到低碳转型及其相关的创新技术被广泛地应用于汽车产业,以供应商、经销商为主的企业行为主体是汽车行业低碳转型发展的直接参与者,兼具生产、消费和分解三重角色于一身,实现资源共享、降低研发成本和研发风险,进而构建以企业为核心的协同创新系统,各主体间相互合作、合理制约,整个行业低碳转型的效应才能够得到保障。

第二,以大学、科研院所为代表的知识生产性机构,是汽车制造业低碳转型的智力资源提供者、创新成果利益分享者,具体表现在以下方面:一是基于资源异质性的本质特征,各方行为主体通过产学研创新系统实现创新资源共享,将弥补其他创新主体创新资源的短板;二是创新成果转化效率的不断提升,以降低创新成果转化的潜在风险;三是高校及研究机构不仅在基础共性技术的创新合作中发挥重要作用,也是科技人才的重要来源。

第三,以金融组织、技术咨询、行业协会、共享平台等为典型代表的中介服务机构,尽管它们并不是其低碳技术产出的关键行为主体,但却不可替代。一般来说,中介服务组团具有公益性、开放性、枢纽型、高效性特征,可协助配套产业发展,加速整合与创新转化,并形成创新成果产出、扩散、推广和反馈的链式循环过程;金融机构,特别是银行系统对参与到汽车产业商务中各方在交易的合法性、财政能力及商务信用等方面的监管与控制是保证汽车产业商务活动有效性的重要因素;行业协会主要通过行业标准以及运作规范来影响汽车产业的生产经营活动、技术标准和行为准则等。

第四,作为高度资本密集型和政策导向型产业,政府为汽车制造业低碳转型提供政策支持、税收与市场支持、服务支持等。一方面,企业的主要需求在于追求经济价值,政府则主要在弥补市场运行缺陷的过程中发挥作用,纠正创新市场的外部性,营造良好的创新环境,为汽车制造业良性有序发展提供优化的环境。另一方面,国家、省、部级项目及各种政策支持,尤其近年来,国家直接或者间接地出台了支持和扶持汽车产业转型发展的政策,诸如:政府提供资金支持、政策扶持等,例如提供各类研发计划、出台鼓励协同创新的政策等。

第五,汽车制造业环境要素,主要包括政策环境、市场环境与区域创新环境三个方面。首先,政策环境可以调节企业低碳转型的积极性,特别是以税收优惠政策为代表的政策杠杆作用最为明显,税收等政策要素会直接作用于企业协同创新的成本,从而影响企业创新系统的构建与进程;政策环境可以间接影响到创新方向,通过区域战略定位、产业选择等影响创新的发展方向。其次,随着政府的环境政策和管制力度加入、消费者和社会对环保产品认同水平提升,以及环境改善的压力和动力不断加强,要求汽车制造产业必须建立环境友好管理体系,只有满足产业产品绩效和环保法律标准的产品,才能够进入市场进行销售。最后,汽车产业低碳技术的发展离不开产业技术水平的支持,特别是汽车产品设计与制造流程方面的改进、替代能源的开发、绿色材料的选择及回收处理能力等维度创新技术的发明与应用。

三、汽车制造业低碳发展的动力机制

根据张雷(2021)的总结,确定汽车低碳转型发展的动力来源应满足以下条件:(1)全过程性:它必须贯穿新能源汽车电池产业发展全过程;(2)不可替代性:在新能源汽车电池产业发展过程中具有相对独立性,即动力要素之间具有不可替代性;(3)核心作用性:产业发展的动力是推动产业创新和发展的力量,所谓新能源汽车电池产业发展的动力,也是推动产业新技术、新模式产生和发展的力量。因此,政策动力、市场动力和技术动力常被用来进行动力机制分析(表1.10)。

表 1.10 部分学者对不同研究领域中产业发展的动力划分

研究领域	代表作者	动力划分
高新技术产业发展	Sverdrup and Ragnarsdottir(2016)	市场、资源、回收利用三个方面
	杜跃平和杜梦灵(2021)	产业效益、技术创新、政府行为和市场需求
	袁小慧等(2020)	人才、物质、创新三种动力要素
新能源汽车产业发展	Ziemann 等(2018)	市场需求动力和资源回收动力
	张海斌(2017)	政策、技术、市场三方面
	李苏秀(2018)	制度条件、产业竞争、资源能力、技术创新四个要素
	张怀文(2016)	社会因素、政治因素为外源动力,运输成本和价值链为内源动力

续表

研究领域	代表作者	动力划分
产业集群发展	Xing, L.等(2019)	经济、资源和环境三个方面
	马中东等(2020)	企业绿色竞争力的内源动力,以及市场绿色约束力、绿色管制力和绿色舆论压力等的外动力
	张清博(2017)	政府政策、技术创新,以及环境和市场三个方面
	徐玮(2017)	资源禀赋、企业竞争与协作、经济利益驱动等要素为主的内生力,以及政策扶持、市场需求、技术创新、相关产业联动等要素为主的外生力
	Jednak, S.等(2018)	专业知识和产业集群协同动力

资料来源:张雷:《中国新能源汽车电池产业发展动力机制研究》,北京交通大学博士论文,2022年。

政策动力对新能源汽车的影响不容小觑,政府通过制定政策和法规来支持和鼓励新能源汽车的发展,诸如:(1)补贴和优惠政策,政府可以向购买新能源汽车的消费者提供直接补贴或优惠,降低购车成本,提高购买新能源汽车的吸引力;(2)减税和免税政策,政府可以对新能源汽车实施减税或免税政策,降低购车和使用成本,鼓励更多人购买和使用新能源汽车;(3)推动基础设施建设:政府可以投资建设充电桩和氢燃料站等新能源汽车充电和加氢设施,解决充电基础设施不足的问题,提高新能源汽车的使用便利性;(4)环保标准和排放限制:政府可以制定更加严格的排放标准和限制,鼓励汽车制造商转向新能源汽车生产,推动整个行业向更清洁的能源方向发展;(5)研发和创新支持,政府可以提供资金和资源支持,鼓励研发新能源技术和创新,促进新能源汽车的技术进步和市场竞争力。

除了政策动力外,市场动力也是推动新能源汽车发展的重要因素之一。(1)能源成本和价格稳定性:传统燃油汽车的燃料成本受到国际原油价格波动的影响,而新能源汽车使用的电力或氢能源等成本相对稳定。如果能源成本上升或波动较大,消费者更倾向于购买新能源汽车以降低使用成本。
(2)环境意识和气候变化:随着全球对环境问题的日益关注,消费者对低碳、无污染交通方式的需求增加。新能源汽车具有减少尾气排放和降低碳排放的优势,因此受到环保意识的推动。(3)技术进步和可靠性提升:随着新能源汽车技术的不断进步和成熟,电池技术、充电基础设施、续航里程等方面的问题逐渐得到解决。消费者对新能源汽车的可靠性和使用便利性有了更高的认可度,进而提高了购买的意愿。(4)市场竞争和产品多样性:越来越多的汽车制造商加大对新能源汽车的投入,推出更多类型和品牌的新能源汽车。市场竞争的加剧和产品多样性的增加,使消费者有更多选择,进一步推动了新能源汽车市场的发展。(5)媒体宣传和社会影响:媒体对新能源汽车的报道和宣传,以及社会对低碳生活方式的倡导,对消费者的购车决策产生影响。新能源汽车得到更多关注和认可,引发了更多人对其的兴趣和购买欲望。

技术动力的发展推动了新能源汽车的技术进步和创新,不断提高其性能、可靠性和使用便利性,进而加速了汽车制造业的转型升级。(1)电池技术进步:新能源汽车主要依靠电池储存能量,因此电池技术的进步对于提高新能源汽车的续航里程、充电速度和耐久性至关重要。随着锂离子电池和其他先进电池技术的不断研发和改进,新能源汽车的续航里程得到了显著提升,充电时间也在逐渐缩短。(2)随着充电技术和基础设施的进步,充电桩的数量和种类不断增加,充电效率和便利性也在提高。快速充电技术的发展使得充电时间大幅缩短,进一步增强了消费者对新能源汽车的接受度。(3)轻量化和材料技术,减轻车辆重量对于提高新能源汽车的续航里程和能源效率至关重要。新的材料技术和制造工艺的应用,如碳纤维增强复合材料和铝合金等,可以减轻车辆重量,提高能源利用效率,并增加车辆的安全性和耐久性。(4)氢燃料电池汽车是一种新兴的新能源汽车类型,其使用氢气和氧气产生电力驱动车辆。氢燃料电池技术的发展对于增加新能源汽车的选择和多样性起到重要作用。随着氢能源生产、存储和供应链的改善,氢燃料电池汽车在特定领域和市场上具有广阔的发展前景。(5)新能源汽车与自动驾驶和智能技术的结合,可以提供更高的安全性、舒适性和驾驶便利性。自动驾驶技术的发展有望改变出行方式,减少交通事故,并提高能源利用效率。

第二章
汽车制造业低碳化的相关理论基础

作为典型的组装行业,汽车制造业产业链条长、技术集成性强、行业关联性广,其低碳转型升级更具代表意义和连带作用,集成的行业特点使得它不能脱离制造业内部相关行业孤立存在,碳排放也不能脱离其他行业及汽车供应链单独讨论。综合来看,可借鉴的理论基础包括可持续发展理论、区域创新系统理论、资源基础理论、三螺旋理论等方面。

第一节　行为主体层面:资源基础理论和三螺旋理论

管理学视角是从微观层面研究企业创新过程及其规律的重要研究途径,主要以资源基础理论和三螺旋理论为代表。

一、资源基础理论

资源基础理论解释了企业竞争力的来源以及企业间绩效差异的原因,是战略管理领域的重要理论,该理论认为企业是有形资产和无形资产的独特组合,企业内部环境比外部环境更为重要,内部资源中,知识和能力的积累是企业保持竞争优势的关键,企业从重视最终产品转移到生产产品的异质性资源。他将异质性资源的特点归纳为有价值、稀缺、不完全模仿、不完全替代。随着经济全球化进程的加快,在愈加激烈的竞争环境中,资源基础理论也在逐步演进,出现了外延不断拓展的趋势,同时涌现动态能力观和后发企业的创新技术追赶等理论视角。将二者运用于汽车制造业转型的研究之中,能够更加清晰地了解不同资源基础的企业如何从协同创新系统的构建过程中挖掘市场机会和技术资源,实现创新能力的跃升,有助于厘清企业创新系统的内在机理。

(一) 企业知识观与动态能力观

相对于静态视角下的资源积累,企业知识观与动态能力观是用学习机制取代了静态视角下的隔离机制,更多地关注外部环境的变化。一般来说,当企业处于弱势地位时,企业需要不断发展和积累方能获取异质性资源,通过合作向外获取资源以不断积累。企业通过合作积累资源,建立新的核心资源成为合作创新的重要动机。协同合作能够帮助企业,通过得到其他公司提供的资源来分担成本和共担风险,以提高企业在激烈市场竞争中的战略地位,这种战略优势源于合作伙伴投入互补性的资源。由于各种不同的原因,企业拥有异质性的资源,这也决定了企业竞争力的差异。Wernerfelt (1984)指出企业内部资源以及知识和能力的积累是企业保持竞争优势的关键,资源基础理论由此形成,而后又扩展出动态能力观(Arndt, 2019)。为获取战略性的异质性、互补性资源,企业需要不断寻求外部合作以实现知识累积,合作能够帮助企业降低成本和风险,以提高企业在市场竞争中的战略地位(Koppiahraj et al., 2021)。总体而言,企业内部资源差异决定竞争力差异,也是企业发现并利用外部机会的关键因素,当企业拥有足够的生产、组织协调及创新能力时,可通过所谓"机会之窗"寻找异质性资源进行技术创新(阳银娟,2014)。在此基础之上,Teece(1997)提出了动态组织学习理论(图2.1):在动态环境中,企业发现和利用机会的关键在于组织学习,包括在组织内外进行知识搜寻获取、知识转移、知识整理利用等一系列社会互动过程。动态能力被视为企业通过重新创建资源和能力来解决发展中的问题、寻找技术机会和减少市场威胁的组织能力,以便在动态变化的市场环境中保持并实现竞争力的提升。作为资源基础理论的延伸,动态组织理论特别关注创新和价值的创造。目前组织学习模式主要有:Hedberg(1981)的适应性学习、转换性学习和改变性学习模式;Senge(1990)的适应性与生成性学习模式;Meyers(1990)的维持型、适应型、过渡型和创造型学习模式,以及 March(1991)的利用性与探索性学习模式等(Zhou et al.,2017)。

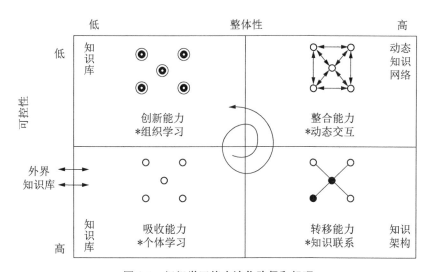

图 2.1　组织学习能力演化路径和机理

资料来源:江积海:《知识传导、动态能力与后发企业成长研究——中兴通讯的案例研究》,《科研管理》2006 年第 1 期,第 100—106 页。

(二) 后发企业技术追赶理论

自 Kim(1980)提出"从模仿到创新"追赶模式之后,基于 20 世纪 70 年代后期出现的"东亚奇迹",从起初的中国台湾、韩国、中国香港和新加坡到马来西亚、泰国,再到中国大陆和越南,相关研究不断涌现(表2.1),后发企业技术追赶理论逐渐形成。一般来说,所谓后进国家或地区,是指技术上落后于领先的发达经济体,但试图通过各种努力来实现技术水平追赶的国家或地区。后进国家或地区中的企业便顺理成章地被称为后进企业,指面临技术和市场劣势,成功地运用吸收策略,实现与国际领先公司竞争的企业,实现了生命周期理论、后发优势理论、资源基础观理论、组织学习理论等对接。后进国家或地区创新绩效提升的重点在于创新知识转移的有效性及自身的创新能力,受不同行业的技术机会窗口、市场需求情况、政府政策、与海外市场及技术资源的联系、区域创新资源要素禀赋等要素的影响(Kim and Lee,2022;张海丰,李国兴,2020)。

表 2.1　国内外学者对后发国家或地区创新能力追赶的研究汇总

学　者	主要观点
Kim(1980,1997)	以韩国电子产业为例,发展中国家创新发展三阶段模型:利用、吸收、改进。
Lee 等(1988)	在早期阶段,产品创新的速度高,工艺创新的速度低;在过渡阶段,市场买家主导设计而供应商专注于特定的工艺技术;在第三阶段,产品设计渐趋成熟,竞争主要集中在对工艺的改进方面。
Hobday(1995)	以中国香港、中国台湾、韩国和新加坡电子工业为代表,提出逆向产品生命曲线模型模式:OEM(订牌制造)—ODM(自主设计制造)—OBM(自主品牌制造)。
吴晓波(1995)	二次创新动态模型:发展中国家技术能力的发展经历模仿型创新、创造型模仿创新和改进型创新三个阶段。
Wong(1999)	后发企业技术追赶的五种路径:反向价值链战略、反向产品生命周期创新战略、工艺能力专家战略、产品技术领先战略、应用领先战略。
Ernst(2000)	后发企业通过与全球领导公司建立权力关系,实现了从 OEA(原始设备组装),到 OEM(原始设备制造),到 ODM(原始设计制造),最后到 OBM(原始品牌制造)的发展道路。

续表

学　者	主要观点
Lee and Lim(2001)	通过对汽车、D-RAM 芯片、通信 CDMA 手机、个人电脑、消费性电子产品和机械工具的分析,在 Kim(1997)三阶段模型的基础上,将后发国家技术追赶分为组装、低技术含量部件开发、高技术含量部件开发、产品设计和新产品概念推出五个阶段。
Mathews(2002,2006)	对邓宁 OLI 范式的反思,提出 3L 模型:关系(Linkage)、杠杆化利用(Leverage)和学习(Learning)。
Gil et al.(2003)	剖析韩国三星技术学习路径:模仿制造—消化吸收—改进设计—自主研发。
Fan(2006)	以中国通信制造业为例,提出三种赶超路径:路径跟随型赶超、路径跳跃型赶超和路径创造型赶超。
Luo an Tung(2007)	跳板学说:新兴经济体企业将国际扩张作为一个跳板,用来获取战略资源和减少母国的约束,最常见的方式是收购或购买成熟跨国公司的关键资产。
Lundvall and Rikap(2022)	后发企业创新系统:由一家主导企业控制,由众多关联企业和学研机构组成,其动态追赶过程是区域和企业创新系统共同作用的结果,企业和政府作为两个关键的行为主体被广泛论述。

资料来源:作者基于文献阅读进行整理获得。

从政策制度与创新体系来看,后发地区技术追赶理论强调国家或地区创新体系的重要作用,被学界称为"发展型国家"模式(江诗松等,2012),政府能力及其对应的制度框架进而常被置于关键地位予以论述。现有研究指出,后进地区政府技术追赶的政策特点是通过加大研发资金支持、税收优惠、公共采购等一揽子政策体系(Kwak and Kim,2022),将构建企业技术追赶能力的变异方向、选择标准与复制概率(江鸿,吕铁,2019),在人力资本累积、财力物力叠加、基础设施溢出和产业结构调整等维度,形成螺旋上升的状态(郑春继,邓峰,2022)。

二、三螺旋理论

1995 年,埃茨科威兹(Etzkowitz)和雷德斯多夫(Leydesdorff)两位学者在

DNA双螺旋结构及基因、生物体和环境三螺旋理论的启发下,提出了螺旋形的动态的创新模型,又称三螺旋理论(Etzkowitz and Leydesdorff, 1995),其具有以下关键特征:首先,与传统的线性、链状以及网状创新模型不同,三螺旋体系中的创新资源不仅在横向上保持流动和扩散,在纵向上也不断整合与提升,创新主体紧密互动,合力实现创新资源的优化,创新系统也得以不断螺旋式上升;其次,不同于政府居于主导地位的集权式创新以及松散的自由放任式创新,三螺旋理论不仅强调政府、高校/研究院所和产业三者相对独立的身份,更注重其协同作用,在实现其职能延伸、角色拓展的基础上,通过三者间渗透能力和承接水平的提高,而带来更高的创新绩效(图2.2)。具体在知识转化为生产力的过程中,每个机构像螺旋上升的螺旋线,互相作用,推动整个创新系统螺旋上升,当一个机构作为主要创新动力的作用减弱时,其他机构将补充发挥主体作用。进而,政府、大学与科研院所、企业三个创新主体通过相互交叠、渗透,使得每个创新主体除了具有原有自身主体特征以外,还承担其他主体合作者的职能,如大学为了孵化成果而创办企业,政府通过项目资助扶持企业创新,企业为了持续发展而成立研发机构等,进而使得每个创新主体的功能和结构都得到调整,产学研创新能力与效率得到提高。

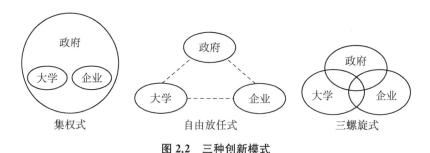

图2.2 三种创新模式

资料来源:[美]亨利·埃茨科威兹:《国家创新模式:大学、产业、政府"三螺旋"创新战略》,周春彦译,北京:东方出版社2013年版,第12页。

由于社会主义市场经济的体制背景,我国三螺旋模式中的国家干预较为强力,产业、大学与科研院所受政府影响显著。随着改革开放、产业环境逐渐开放、市场经济体制逐步建立等,企业、研究机构的自主性不断增强,政府通过提供研究经费,建设创新基础设施,制定产业政策、创新政策、税收政策、人才政策等,发挥鼓励、调控作用,推动产业创新与发展;高校通过知识传授和人才培养与产业衔接,向市场输送人才;产业通过科技成果转化和生产设计,向市场供给商品和服务(张倩和左巍,2021)(图2.3)。

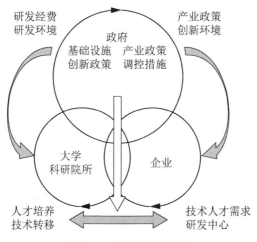

图 2.3　三螺旋创新模型

资料来源:柳岸:《我国科技成果转化的三螺旋模式研究——以中国科学院为例》,《科学学研究》2011 年第 8 期,第 1129—1134 页。

从三螺旋理论的视角看,汽车制造业转型升级可以从以下角度进行理解:一方面,由于具有跨行业、跨学科高度关联性与渗透性的存在,汽车制造产业无法单独解决"双碳"达标的问题,需要技术支撑领域联动效应的发挥,国内外对汽车制造业如何应对"双碳"目标的重要意义、关键环节以及主要趋势进行了大量研究,发现政府在生产和消费两端的碳核算标准、公示制度、激励措施和约束政策等政策激励措施(表2.2),通过产业政策、创新政策、税收政策、人才政策等,发挥鼓励、调控作用,推动汽车制造业创新与发展(Gibson et al.，2015；Siskos et al.，2015；Pauliuk et al.，2021；赵隆昌等,2021)；另一方面,三螺旋模型相关行为主体交界面上会形成诸如创新园区、大学科技园等混合性组织,凭借其"多面手"功能成为桥接多类型行为主体的关键节点,在这一过程中科技转移机构作用最为突出,它将整合政府、大学、企业三螺旋要素,使得每个行为主体的创新能力得以提升,并借助研发合作、知识转移等活动促进协同创新,为制度、知识和技术创新的实现消除障碍,最终实现三螺旋体系的叠加效应(刘刚,2017)。

表2.2　全球新能源汽车政策分类及汇总

主要类型	首要目标		
	技术推动	需求拉动	系统性的
经济手段	研发补助和贷款、税收优惠、国家实验室	补贴、购置税、公共采购	税收和补贴改革、充电基础设施供应、合作研发资助
法律法规	专利法、知识产权	技术标准、生产准入、约束、试点示范、免费停车	市场设计、发展规划、环境责任/保护法
信息	专业培训和资格、创业培训、科学研讨会	新技术培训、评级计划、公众参与及需求意识	教育体系、专题会议、宣传、合作研发项目

资料来源：Wang X, Huang L, Daim T, et al., "Evaluation of China's new energy vehicle policy texts with quantitative and qualitative analysis", *Technology in Society*, 2021, 67:101770.

第二节　协同创新层面：
区域创新系统和创新模式理论

一、区域创新系统理论

不可否认的是,全球化时代的创新活动并未出现分散化的趋势,相反,越来越集中于某些城市/区域。区域创新系统是一个用于解释区域创新能力差异问题的理论,它的产生和发展源于演化经济学关于国家或区域的异质性对创新的解读,进而带来企业协同创新过程的分异(图2.4)。

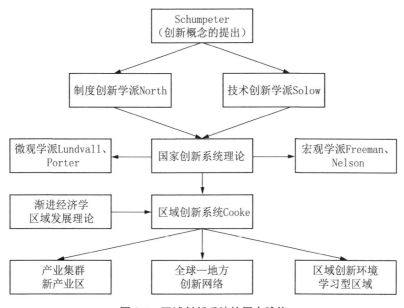

图 2.4　区域创新系统的历史脉络

顾名思义,区域创新系统涵盖五个层面的概念:其一是区域,它是一个中观层次概念,指代某一文化或历史的同质性地域单位;其二是创新,是新产品、新过程和新组织的商业化过程;其三是网络,它被认为是创新过程中所涉及的节点以及节点之间基于交互、信任、合作所产生的一系列联系,且伴随成员增减发生演化;其四是学习,特别是区域的组织学习以及在此过程中形成的惯例;其五是区域所包含的各种正式和非正式互动。其中,区域创新环境首见于欧洲创新研究小组 1985 年关于高创新产出区域的特征和机制的研究,库克(Cooke)提出了区域创新系统的分析框架(图2.5),并指出知识应用和开发子系统、知识创造和扩散子系统是区域创新系统的核心组成部分(Cooke，1996)，前者主要关注企业，后者则主要聚焦于包括高校、研究所、知识中介机构等在内的公共组织。Bathelt和Glückler(2011)的研究强调区域创新系统是组织、技术和区域三种因素的互动，是地方生产系统、参与者通过市场关系、权力关系、合作关系等形成的区域集体化学习过程(Bathelt and Glückler，2011)。

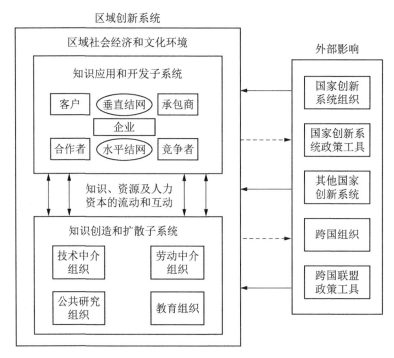

图 2.5 区域创新系统分析框架

资料来源：Cooke, P., "Regional innovation systems, clusters, and the knowledge economy", *Industrial and Corporate Change*, 2001, 10(4), 945—974.

此外，区域创新系统的评估可以从两个视角展开(表 2.3)：一是基础设施，是关系到区域创新和管辖能力的重要指标，用来评价政策和管理在内的区域要素的自主程度,以及关于对创新至关重要的基础设施的战略投资的财政能力。二是从上层结构层面,主要涵盖制度、企业和政策等三个维度,涵盖合作的文化、交互学习、共识等多个要素。

表 2.3 区域创新系统评价

创新潜力较高	创新潜力较低
基础设施层面	
公共支出和税收的自主能力	分散的支出
区域独立的财政	国家财政组织
对基础设施的政策影响	对基础设施的影响有限
区域的高校—产业策略	零碎的创新项目
上层结构层面	
制度维度	
合作的文化	竞争的文化
交互学习	独立的
共识	制度纠纷
组织层面(企业)	
和谐的劳动力关系	敌对的劳动力关系
工作指导	独立获取技术
外部化	内部化
交互创新	依靠自身研发
组织层面(政策)	
包容的	排他的
监督	反馈
协商	权威
网络	层级

资料来源:Cooke, P., "Regional innovation systems, clusters, and the knowledge economy", *Industrial and Corporate Change*, 2001, 10(4), 945—974.

基于"区域创新系统"的视角看,汽车制造业转型升级可以从区域创新资源禀赋来理解,具体如下:一方面区域创新资源禀赋较好的区域,采取频繁的模仿、非正式交流、研发人员流动的策略实现技术能级的跃升,且高素质劳动力资源的供给与区域内研究机构的数量正相关;另一方面,区域独特创新文化的形成将激发创业者创新热情,政府、企业、高校、社会组织等均是创新文化的培育主体,如政府给予科研人员表彰,企业设立奖励机制、提倡团队精神,高校建立创业孵化基地,社会组织进行舆论宣传,营造创新创业氛围等。健全的创新市场环境将有助于创新知识与创新成果交换,也有利于创新成果价值实现。

二、STI/DUI 创新模式理论

学术界对创新源的讨论不绝于耳,且存在严重分歧。究其原因,可以归结为:作为创新产生、扩散和吸收的关键因素,科学和技术究竟孰轻孰重尚无定论。Lundvall 等(2007)区分了科学学习(STI)和经验学习(DUI)两种学习模式,并指出前者要求事实知识和原理知识的互动,后者的创新则依赖于技能知识和人力知识(Lundval,2007)。结合两种分类方法,孰轻孰重的讨论不绝于耳,前者源于研发投资和人才驱动创新的产生,后者则主要聚焦于干中学(Isaksen and Nilsson,2013)。目前,越来越多的学者认为 STI 和 DUI 存在着交互作用和互补性,一般来说,STI 可以帮助企业在先进的科学理论知识方面实现积累,并供给 DUI 创新所需要的人力资源,特别是高级工程师;DUI 通过生产实践对 STI 所形成的创新进行检验(表 2.4)。Al-husena 和 Bennat(2021)通过对中小企业的实证研究对此进行了验证,结果认为:将基于 STI 的创新知识整合到 DUI 过程中是创新成功的关键(Harm and Tatjana,2021)。

表 2.4　不同技术学习来源的简单概括

学习过程	主要观点	代表学者	模式
干中学(by doing)	从行动中学习积累经验,推进产品工艺的部分调整	Arrow(1962);Rosenberg(1976);Antonelli(2004)	DUI
用中学(by using)	通过使用提高生产效率,并使企业的产品和工艺发生一定变化	Rosenberg(1982);Grbüler(1998);Antonelli(2004)	DUI
生产中学(from production)	生产系统就是一个学习系统,学习是产品、服务的生产与发送过程中的一项任务	Nevis et al.(1995)	DUI
从科技进步中学(from advances in S&T)	监测和预测科技发展来获得科学技术知识	Keline and Rosenberg(1986)	STI
产业间竞争的溢出中学(from inerindustry spillover)	学习竞争者溢出的知识或信息来提高效率	Nonaka and Takeuchi(1988)	DUI
通过培训学习(through training)	企业内外部的培训来提高企业的知识存量	Enos and Park(1988)	STI DUI
通过交互作用来学习(by interacting)	与不同社会参与者的交互中学习	Von Hippel(1987);Lundvall(1988);Antonelli(2004)	DUI
通过雇佣来学习(by hiring)	聘用员工增加新知识	Bell(1984)	STI DUI
基于联盟的学习(by strategic alliance)	与其他企业建立战略联盟来学习	Haedoorn and Schakenraad(1994);Rothaemermel(2001)	STI DUI
通过创新和研发来学习(by innovation and R&D)	组织的研发和创新活动能创造新的技术知识、提高组织的技术学习能力	Sahal(1981);Dosi(1988);Grbüler(1998);Cohen and Levinthal(1989);Kim(1997);Hoday(1995);陈劲(1994)等	STI
从失败中学习(from failure)	从失败中学习,总结经验	Saban and Lanasa(2000)	DUI
通过模仿来学习(by imitating)	通过模仿企业外部的知识或工艺	Duton and Thomas(1984)	DUI

　　资料来源:郭爱芳:《企业 STI/DUI 学习与技术创新绩效关系研究》,浙江大学博士论文,2010 年。

从 STI 和 DUT 创新模式的视角出发,可从以下方面理解汽车制造业创新系统的构建与演进。第一,与生物医药、高科技等强调突破式创新的行业不同,汽车制造业通过逐步改进现有技术和产品来推动创新,注重持续改进和增量创新,诸如发动机燃烧效率、优化悬挂系统、提升车辆安全性能、零部件的设计、材料选择、制造工艺优化、生产流程改进、用户体验提升等。第二,与产业链合作伙伴之间的创新极为关键,供应商一般具有更加深厚和专业的零部件生产与制造技术,与它们协同生产,可以有效地减少新产品的研发时间,并提升产品质量,也可以大量避免因工艺、设计缺陷所产生的资金和成本浪费。第三,汽车制造业低碳化创新技术强调低碳化工艺和材料的生产及大范围应用(Alhusen and Bennat,2020;Parrilli et al.,2021),诸如:轻量化材料的使用(高强度钢、镁合金、铝合金、钛合金、塑料及复合材料)、汽车制造的先进加工工艺(激光焊接技术、液压成形技术、绿色涂装技术)等。Giampieri 等(2020)的研究表明:鉴于涂装车间是汽车制造业耗能与污染物排放最多的环节,低碳绿色环保型的汽车涂装工艺是汽车制造业低碳化发展的关键;李光霁和刘新玲(2020)的研究表明:每辆汽车实现减重10%就可以达到降低 6%—8% 的燃料消耗的目标,通过汽车"瘦身"达到轻量化变得势在必行。

第三节 外在要素层面:循环经济与绿色消费理论

汽车低碳化发展的初衷在于缓解城市空气污染问题以及对减少石油供应依赖的期望,与可持续发展理论密切相关,尤其是循环经济和绿色消费理论。具体来说,始于 20 世纪 40 年代的汽车大规模生产(需要更快的涂装工艺和更好的漆膜腐蚀和耐久性能），20世纪60年代的电沉积涂层（E-coat）的广泛应用，特别减少了挥发性有机VOC化合物和有害空气污染物的数量，环境效益显现；20世纪70年代之后，分别出现了减少车辆排放、提高能源效率和循环经济的倡议，一直到2000年左右开始出现各种环境立法及限制性法规，不断驱使汽车制造业向可持续方向转型（图2.6）。

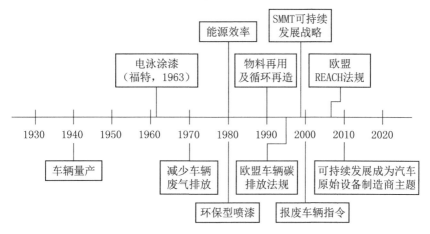

图2.6　1940年后汽车革命的演变

资料来源：Giampieri A. J., Ling-Chin, Z. Ma, Smallbone A., Roskilly A.P., 2020, "A review of the current automotive manufacturing practice from an energy perspective", *Applied Energy*, 261, 114074.

一、循环经济理论

在20世纪70年代，循环经济的思想只是一种理念，当时人们主要关心污染物的无害化处理。20世纪80年代，人们认识到应采用资源化的方式处理废弃物。20世纪90年代，特别是可持续发展战略成为世界潮流的近些年，环境保护、清洁生产、绿色消费和废弃物的再生利用等才整合为一套系统的以资源循环利用、避免废物产生为特征的循环经济战略。循环经济理论的主要原则和关键概念包括：（1）闭环循环，将废弃物转化为资源并重新投入生产过程中。通过回收、再制造、再利用和再循环等手段,延长产品的使用寿命和价值,减少资源的消耗和废弃物的产生;(2)产业协同,不同企业之间可以通过资源共享、废物互换、能源回收等方式,实现资源的最大化利用和循环利用;(3)生态效益优先,即在经济发展过程中保护和修复生态环境。通过减少能源消耗、降低污染排放和保护生物多样性等措施,实现经济与生态的良性循环;(4)从产品到服务,提倡从传统的"拥有"模式转变为"使用"模式,即将产品销售转变为服务提供。通过提供产品的共享、租赁、维修和更新等服务,实现资源的最大化利用和减少废弃物的产生;(5)创新和设计,鼓励在产品设计阶段考虑循环利用的因素,包括选择可再生材料、设计易拆卸和可回收的产品结构、降低资源消耗的制造工艺等。通过创新和设计的手段,实现产品的可循环性和可持续性(崔兆杰,张凯,2008)。

汽车制造业属于组装行业,产业链长且复杂,汽车制造业减碳的关键在于供应链环节的优化(Shamsi et al.,2021)。究其原因,主要是汽车制造业技术涉及领域繁多,涵盖微电子科学、信息技术、光学及无线电电子、化学与生物等多种学科,技术构成包含基础共性技术、架构技术、元件技术和集成技术等四类,集成的行业特点使得它不能脱离制造业内部相关行业孤立存在,碳排放也不能脱离其供应链单独讨论。根据罗兰·贝格就产业链环节碳排放量的研究,供应商产品的生产和供应成为制造业碳排放量相对较高的环节,占比分别为36%和29%,且这种趋势在汽车制造行业愈加明显。无独有偶,《中国汽车低碳行动计划研究报告2021》显示,2020年汽车全产业链碳排放总量约为6.7亿吨二氧化碳,26%的碳排放来自上游产业链制造环节。基于此,以旗舰制造企业为核心,包括轻量化材料的应用(设计)、节能设备的更替(制造)、后市场服务时效性的提高(服务)及车辆可回收再利用率的提升(报废)等全生产生命周期的低碳化发展是"双碳"目标实现的关键(Mattioli et al.，2020)。

二、绿色消费理论

绿色消费这个概念于1963年首次提出,其理论的核心观点是通过购买符合环保标准的产品,消费者可以减少对自然资源的消耗,降低能源消耗和碳排放,减少废物和污染的产生,从而保护环境和促进可持续发展。习近平总书记强调,"倡导简约适度、绿色低碳的生活方式,要按照系统推进、广泛参与、突出重点、分类施策的原则,开展节约型机关、绿色家庭、绿色学校、绿色社区、绿色出行、绿色商场、绿色建筑等创建行动,建立完善绿色生活的相关政策和管理制度,推动绿色消费,促进绿色发展"。总体来说,一方面,绿色消费从生产端来看,通过制定法规标准,形成推动绿色消费的制度安排,通过产业政策、财税政策、价格政策等,激励或调动消费者的绿色消费意愿和行为;另一方面,从需求端来说,在相关政策激励与约束下,消费者购买(理性适度消费、购买绿色产品)、使用(绿色生活、绿色办公、绿色出行)、处置(垃圾分类、捐赠)及回收再利用(二手交易、共享经济、再生资源回收再利用)四个维度,履行绿色低碳的责任与义务(师佳和宁俊,2022)。

绿色消费理论在汽车制造领域的应用主要体现在:第一,绿色消费鼓励消费者选择燃料效率高的汽车,例如混合动力车、电动车和燃料电池车等。这些车辆使用更清洁的能源或更高效的动力系统,能够减少对化石燃料的依赖,降低温室气体和污染物的排放;第二,绿色消费倡导汽车制造商选择可再生材料和可回收材料,减少对有限资源的消耗;第三,绿色消费要求汽车制造商优化生产过程,减少能源消耗、水资源利用和废物排放,包括采用更高效的生产技术、使用可再生能源、实施废物回收和处理措施等,在供应链管理中注重环境和社会责任,选择合规、可持续和道德的供应商和合作伙伴;第四,为了满足消费者对环保产品的需求,汽车制造商积极推动技术创新,开发更高效的发动机、轻量化材料和可再生能源等,英国国家统计中心(2021)新近的研究表明,1990—2017年间英国碳排放量减少的关键在于复合材料和碳纤维技术在汽车制造行业中的使用,与传统冷轧成型技术相比,可减轻30%的重量,从而大大提高了汽车制造行业的能源使用效率。以汽车轻量化为例,需要热轧钢工艺、高强度钢板工艺、纤维复合材料、冷轧钢板工艺、塑料成型工艺、电池制造工艺等多重领域的协同配合,可应用在车身骨架、前轴支架、悬挂结构、底盘、调节器、油箱、电池等部件的制造方面,不仅可以降低原材料消耗、降低车辆的制造成本,还可以节省动力、降低运行费用、减少碳排放(滕飞等,2021)。

第三章
全球汽车制造业的新格局和新特点

汽车制造业低碳化发展与能源结构、产业结构、生产生活方式密不可分,是一场广泛而深刻的经济社会系统性变革,基于气候变化及严格的碳排放监管政策、循环汽车概念的引入、新型竞争模式等维度的变化,全球汽车制造业变革进程加速。

第一节　研究方法与数据来源

本部分数据来源主要基于以下三个方面:其一是德国工业期刊 *Automobil Produktion* 上,自 2019 年以来所有以新能源汽车(Neue Energie Fahrzeuge)为主题的文章,共计 162 篇,涵盖管理、技术、智能化工厂、生产、全球业务等五个领域;其二是汇总宝马(BMW)、比亚迪集团(BYD Group)、戴姆勒(Daimler)、菲亚特克莱斯勒汽车(Fiat Chrysler Automobiles,FCA)、通用汽车(General Motors)、本田(Honda)、现代集团(Hyundai Group)、PSA 集团(PSA Group)、雷诺—日产—三菱(Renault-Nissan-Mitsubishi)、西雅特(SEAT)、特斯拉(Tesla)、丰田(Toyota)、大众(Volkswagen)等 13 家全

球知名汽车厂商的发展战略报告。最终,本节剥离出技术、社会、政治、环境和经济等五个维度的 39 个关键词(表 3.1),并形成未来计算、可持续性、数据、新型界面、人工智能等 6 个技术领域(表 3.2)。

表 3.1　汽车制造业研究的文本关键词分析

维　度	关　键　词
技术	人工智能、通信网络、网络安全标准严格性、汽车功能、人机对话、自动驾驶、储能、轻量级技术、3D 打印、车辆联网、汽车原始创新
社会	安全意识、人才竞争、共享车辆、对原始设备制造商的信任、即用即付模式、定制化程度、驾驶在未来的地位、城市化
政治	知识产权力度、贸易自由、公共交通基础设施状况、数据存储
环境	污染者付费原则、回收技术、环境、零污染生产、替代动力系统
经济	基础设施投入、数据货币化、新加入企业对市场控制、销售渠道、购买与租赁、生产地、企业评估、融资选择、亚洲市场的增长、资本成本

表 3.2　汽车制造业关键技术识别与预测

维度	阶段	关键技术及其主要内容	
未来计算	准备	量子计算:量子优化、机器学习、量子化学、量子退火	全球高度复杂问题的优化解决方案;材料科学计算问题的突破;加速计算流体力学、空气动力学、结构动力学的数值模拟技术
		WEB3.0:区块链、去中心化交易平台、元宇宙、代币化、数字资产、虚拟现实	合作伙伴间高度信任和透明;去中心化的金融(区块链上的金融服务);不可伪造的代币;加密货币的推广;身份自主权
		专有代币:WEB3.0、区块链、元宇宙、数字孪生、加密货币	民主化的数字资产市场;数字资产的所有权证明;提升知识产权安全性
	前瞻	神经形态计算:高性能计算、深度学习、电脑记忆体、机器传感、机器学习、边缘计算	与传统芯片相比,神经形态芯片能源效率更高;实现实时信号处理和传输;由于相机、激光雷达、音频等低延迟和无缝传感器融合,可感知的芯片成为可能
		光学计算机运用:神经形态计算、量子计算、AI、边缘计算、内存计算、物联网	长距离传输的质量更好;高达十倍的数据传输量;更高的信息存储密度;有望实现高能源效率,降低延时

续表

维度	阶段	关键技术及其主要内容	
可持续性	实施	循环经济:非化石类能源、再循环/升级回收、可持续材料、数字孪生	减少初级资源和能源消耗;最大限度地减少生态足迹;提高供应链弹性
		储能系统:可持续材料、智能电网、循环经济、电气化、新能源	新型电池单元在技术架构上有所不同,能量密度更高、充电速度更快、安全性更高、寿命更长;电气化以减少温室气体排放
	准备	绿色IT:智能数据、软件设计、循环经济、物联网、云技术、深度学习	通过优化设备制造、运行和处置过程中的资源消耗,降低公司碳足迹;通过更有效的IT解决方案降低成本
		碳捕获、利用和储存:循环经济、合成燃料、氢气	减缓气候变化的速度;碳中性价值链;合成燃料;二氧化碳捕获和封存
数据	实施	数字身份:物联网、WEB3.0、区块链、密码学、网络安全、零知识证明	创造新的数字流程,提升世界范围内身份验证的可互操作性;提高产品、所有权和公司的透明度和可信度
		数字孪生:元空间、工业 4.0、人工智能、大数据、预测性分析	优化工厂效率;提高工艺质量;预测故障和损耗;推动循环经济,提升全生命周期内的透明度和可追溯性
	准备	合成数据:深度学习、网络安全、大数据、机器学习、保护隐私	依需求生成图像、文本、声音等数据样本;情境和条件的动态模拟;标签自动化;数据保护标准
新型界面	实施	智能表面处理:隐形科技、安全和健康技术、变形表面、印刷和柔性电子	在玻璃或涂层中添加集成传感器;新用户体验
	准备	元宇宙:Direct-to-Avatar(产品直接销售给一个人的虚拟化身)、扩展现实、自然用户接口、WEB3.0、区块链、代币经济	通过界面增强客户体验(沉浸式/数字互动);电子商务/革命(如 NFTs);数字合作的新方式
		扩展现实:元宇宙、可穿戴设备、人工智能、数字孪生、计算机视觉	物理和虚拟空间中的沉浸式体验;提升视觉感受;减少硬件投资成本,缩短研发时间
连接	准备	非地面网络:元宇宙、物联网、自动驾驶、5G/6G、边缘计算	5G＋网络;提高自动驾驶应用的安全性
	前瞻	6G:元宇宙、物联网、自主驾驶、工业 4.0、边缘计算、非地面网络	随时随地连接

续表

维度	阶段	关键技术及其主要内容	
人工智能	实施	计算机视觉：AR、机器学习、自主系统、深度学习、先进的传感器技术	自动化分析和设计视觉；减少错误；智能自动化提升灵活性
		自然语言处理：人工智能、语义分析、语言模型、深度学习、语音识别	通过自动化来节省时间和成本；对话式人工智能；创造性文本生成；自动翻译
		预测性分析：数据时代、声学分析、物联网、因果式人工智能、金融科技、深度学习	基于数据的预测和决策过程；通过基于数据的高透明度提高规划能力和预测准确性
	准备	人工智能伦理：大数据、深度学习、自动驾驶、可解释的人工智能、预测性分析	确保人工智能应用的正当性；支持人工智能的讨论；增加透明度和可解释性；强化利益相关者间的信任
		声学分析：预测性维护、噪声/声音识别、深度学习、音频处理、机器传感、迁移学习	噪声自动分析；噪声分类，更好的产品体验
		低代码，无代码：软件开发、大数据、人工智能及其民主化	减少软件开发和部署时间；增强软件开发的敏捷性
	前瞻	人工智能驱动的网络安全：边缘计算、大数据、网络技术、物联网、机器学习	快速检测和响应网络安全威胁；清洗和整理数据；网络钓鱼和黑客检测；准确、及时地为用户报错

第二节　全球汽车制造关键技术发展预测

根据表 3.1 和表 3.2 的分析结果，并结合 2023 年 2 月对汽车领域知名专家学者、技术研发人员的访谈，本研究凝练撷取全球汽车制造业的五大关键技术领域，诸如：电池扩容与安全性、智能零部件技术、车规级计算芯片、汽车轻量化技术、自动驾驶技术五个方面。

一、电池扩容和安全性

汽车充电对电力需求的影响、充电过程中可再生能源的使用、充电电网解决方案、电池成本是被广泛讨论的议题,已成为电动车提质升级的主要障碍。诸如:Richardson et al.(2022)研究了电动汽车对电网生产力、效率和容量的影响;Habib et al.(2023)在对电动汽车充电方法进行回顾的基础上,提出了其对配电系统的影响。例如:日产 LEAF 锂离子电池最初占整车成本的三分之一。目前,越来越多的制造商(例如,LG、松下、三星、索尼和博世)投资开发电池技术,致使电池组的成本逐渐下降、制造水平也逐渐提升。第一,电池成本,在 2013 年底,电池组成本约为每千瓦时 500 美元,基本为 2009 年价格的一半,目前每千瓦时的价格为 200 美元,预计 2025 年将进一步下降至 100 美元。特斯拉正在打造一个超级工厂(Gigafactory),每年生产的锂离子电池比 2013 年全球生产的还要多,进一步推动了电池成本的降低。第二,电池容量,1983 年,奥迪 DUO 上市时电池容量仅为 8 千瓦时,到 2022 年,特斯拉已配备 200 千瓦时电池(表 3.3)。第三,充电时间。标准电源插座提供约 3 千瓦的功率,这意味着平均需要 10 小时才能提供最多 30 千瓦时的电量;即使在使用快速充电系统的情况下,也需要 1—3 小时,Enevate 和 Sila Nanotechnologies 等其他公司也在研究快速充电和超快速充电解决方案,电池交换站(BESs、BSSs)可能成为一种流行的解决方案。第四,智能热管理技术。2022 年,电池的应用将实现—30 ℃环境温度下正常使用,预计搭载车型可达 10 余款,新车型搭载率达到 5%。随着动力电池系统安全技术的提升,300 Wh/kg 动力电池将率先在高端车型配套装载,300 Wh/kg 电池及系统产品已完成技术开发,主被动一体化的热安全防护、热失控早期火灾探测预警装置及抑制、灭火装置等技术的开发与应用,

300 Wh/kg 动力电池将在 2022 年实现装车应用。第五,长寿命燃料电池系统将实现商用车多场景应用,在燃料电池示范政策推动下,特别是寿命超过10 000 小时的燃料电池系统将实现在物流、长途运输、码头、矿山、长途客运等长途重载领域的多场景应用。

表3.3 1983 年以来汽车电池容量的变化

生产厂家及车型	上市时间	电池容量(kWh)
Audi duo	1983	8
Volkswagen Jetta city STROMer	1985	17.3
Volkswagen Golf	1987	8
Škoda Favorit	1988	10
Fiat Panda Elettra	1990	9
General Motors EV1	1996	16.5
Audi duo	1997	10
General Motors EV1	1999	18.7
General Motors EV1	2000	26.4
Tesla Roadster	2006	53
Smart ed	2007	13.2
Tesla Roadster	2007	53
BYD e6	2009	72
Mitsubishi i-MiEV	2009	16
Nissan Leaf	2009	24
Smart ed	2009	16.5
Tesla Roadster	2009	53
BYD e6	2010	48
Mercedes-Benz SLS AMG E-Drive	2010	60
Tata Indica Vista EV	2010	26.5
Tesla Roadster	2010	53

续表

生产厂家及车型	上市时间	电池容量(kWh)
Volvo C30 EV	2010	24
Volvo V70 PHEV	2010	11.3
BMW Active E	2011	32
BMW i3	2011	16
BYD e6	2011	60
Ford Focus Electric	2011	23
Mia electric	2011	12
Mitsubishi i-MiEV	2011	10.5
Renault Fluence Z.E	2011	22
Chevrolet Spark EV	2012	21.3
Ford Focus Electric	2012	23
Renault Zoe	2012	22
Tesla Model S	2012	40，60，85
BMW i3	2013	22
BYD e6	2013	64
Smart ed	2013	17.6
Volkswagen e-Golf	2013	26.5
Renault Fluence Z.E	2014	22
Tesla Roadster	2014	80
Chevrolet Spark EV	2015	19
Mercedes Clase B ED	2015	28
Tesla Model S	2015	70，90
BYD e6	2016	82
Chevrolet Volt	2016	18.4
Kia Soul EV	2016	27
Nissan Leaf	2016	30
Renault Zoe	2016	41

续表

生产厂家及车型	上市时间	电池容量(kWh)
Tesla Model 3	2016	50，75
Tesla Model X	2016	90，100
BMW i3	2017	33
Ford Focus Electric	2017	33.5
Honda Clarity EV	2017	25.5
Jaguar I-Pace	2017	90
Nissan Leaf	2017	40
Tesla Model S	2017	75，100
Volkswagen e-Golf	2017	35.8
Audi e-tron	2018	95
Kia Soul EV	2018	30
Nissan Leaf	2018	60
Renault ZOE 2	2018	60
Renault ZOE 2 rs	2018	100
Tesla Model 3	2018	70，90
Mercedes-Benz EQ	2019	70
Nissan Leaf	2019	60
Volvo 40 series	2019	100
Audi e-tron	2020	95
BMW i3	2020	42
Hyundai Kona e	2020	64
Mercedes EQC	2020	93
Mini Cooper SE	2020	32.6
Peugeot e-208	2020	50
Volkswagen ID.3	2021	77
Ford Mustang Mach-E	2021	99
Tesla Roaster	2022	200

二、车规级计算芯片

按使用功能车规级芯片可被划分为计算与控制、传感器、功率半导体、模拟和通信、存储等多个种类。根据 2023 年 2 月全球知名知识产权机构 Mathys & Squire 发布的全球专利数据显示，诸如亚马逊和谷歌等大型科技公司纷纷进入，使得 2022 年申请量为 69 194 件，已达到历史新高。当前，芯片产品国外公司主要包括 ST、NXP、Infineon、Renesas、TI 和 Microchip 等，国内公司包括紫光同芯、华大微电子、宏思电子、芯钛、国民技术等（表 3.4）。从芯片参数来看，自主车规级芯片已在 ADAS/智能座舱等功能域进行大规模的批量应用，大算力车规级计算芯片（单芯片算力＞100TOPS）已进入试验阶段。

表 3.4　国内外车规级芯片的主要参数

厂家及型号	MCUs/MPUs/ADAS 内嵌 HSM 硬件安全模块	安全存储	嵌入式 SIM 卡 (eSIM)/车联网(V2X)
ST 意法	Stellar SPR67 32-bit Automative MCU SPC58 支持 Octal SPI HyperBus	—	ST4SIM ST33-A
NXP 恩智浦	MPC574X 32-bit MCU 1.MX8 MPU	—	—
Infineon 英飞凌	AURIX family TC2xx 32-bit TriCore™ Traveo™ CYT4BF 32-bit Arm Cortex-M7	Semper™ NOR Flash S26HL512TG ABHM 010	SLI 76/97/37
Renesas 萨瑞	RH850/P1H-C G3M core 32-bit CPU × 2 MPU + FPU	—	—
TI 德州仪器	DRA821 Jacinto™ 64 bit Arm Cortex-A72 处理器	—	—

厂家及型号	MCUs/MPUs/ADAS 内嵌 HSM 硬件安全模块	安全存储	嵌入式 SIM 卡 (eSIM)/车联网(V2X)
Microchip	—	—	TrustAnchor 100（TA100）Crypto-Automotive ™
紫光同芯	—	—	THD eSIM SE
华大微电子	—	—	CIU98-B：T BOX SE
宏思电子	—	—	HSC32C1 车联网
芯钛	Mizar TTM20＋F5＋B14	—	—
国民技术	—	—	N32G 系列
芯驰	G9X 应用 CPU ARM Cortex-A55，安全 CPU ARM Cortex-R5	—	—
黑芝麻	华山系列 L2 ADAS DMS	—	—
地平线	征程系列 ADAS	—	—
杰发科技（AutoChips）	AC8015(带 HSM)智能座舱	—	—

专栏 3.1 汽车市场入场券——车规认证

一、ISO/TS16949：国际标准化组织（ISO）于 2002 年 3 月公布了一项行业性的质量体系要求，它的全名是"质量管理体系—汽车行业生产件与相关服务件的组织实施 ISO9001：2000 的特殊要求"，本质是一套零失效（Zero Defect）的供应链品质管理标准体系，是判断一家芯片原厂是否具有车规级芯片设计、生产流程管控能力的标志。

二、AEC-Q100：克莱斯勒、福特和通用汽车为建立一套通用的零件资质及质量系统标准而设立了汽车电子委员会（AEC），是主要汽车制造商与美国的主要部件制造商汇聚在一起成立的、以车载电子部件的可靠性以及认定标准的规格化为目的的团体，AEC-Q100 是针对集成电路（芯片）发布的产品级质量认定标准，是判断芯片产品是否具备车用资格的标志之一，侧重质量可靠性。

三、ISO26262，是从电子、电气及可编程器件功能安全基本标准 IEC61508 派生出来的，主要定位在汽车行业中特定的电气器件、电子设备、可编程电子器件等专门用于汽车领域的部件，旨在提高汽车电子、电气产品功能安全的国际标准，等级从低到高：ASIL-A、ASIL-B、ASIL-C、ASIL-D；简单举例，ASIL-A 级芯片可应用于天窗控制，ASIL-B 级芯片可应用于仪表盘显示，ASIL-C 级芯片可应用于引擎控制，ASIL-D 级芯片可应用于自动驾驶、EPS（电动助力转向系统）；是判断芯片产品是否具备车用资格的标志之一，侧重功能安全性。

资料来源：江苏省产业技术研究院网站，http://www.jitri.org/JieNengHuanBao.html。

三、智能零部件技术

目前，全球知名汽车制造零部件企业均在大力布局智能汽车、车联网相关的技术方案，特别是诸如计算机、现代传感、信息融合、通信、人工智能及自动控制等技术，并形成了商业模式创新和远期标准化两种价值较高的组团（图 3.1），前者包括高度自动驾驶系统、智能化内饰、车载信息娱乐系统、电子控制单元座等，软件与电气化功能占据主导地位；后者的价值环节同样处于高位，但部件系统具有明显的同质化特征，以标准化硬件为主，如高级驾驶辅助系统、电机、轻量化内饰等。目前，常见的智能零部件技术有以下六种：（1）智能传感器能够感知车辆周围环境和内部状态，并将数据传输给车辆的控制系统。例如，智能安全气囊传感器可以根据乘客的位置、体重等

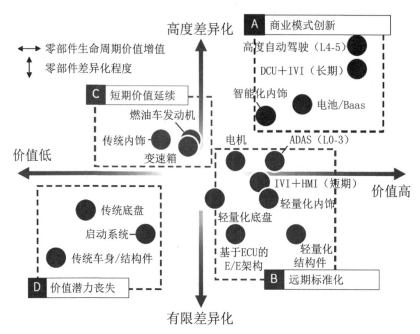

图 3.1 2030 年汽车零部件价值链构成

资料来源:罗兰贝格:《中国新能源汽车供应链白皮书 2020》,2020 年 9 月。

信息来调整气囊的充气力度,提高安全性。(2)智能操控系统利用电子控制单元(ECU)和传感器网络来实现车辆操控的智能化。例如,智能转向系统可以根据驾驶条件和车辆状态来调整转向助力的力度,提供更好的操控感和稳定性。(3)智能照明系统可以根据环境条件和驾驶模式自动调整车辆的前照灯、尾灯和转向灯,例如,自适应前照灯可以根据路况和车速调整灯光的亮度和角度,提供更好的夜间视野。(4)智能驾驶辅助系统利用传感器、摄像头和雷达等技术,实现自动驾驶和驾驶辅助功能。例如,自动紧急制动系统可以在检测到前方障碍物时自动进行紧急制动,提高安全性。(5)智能信息娱乐系统通过车载娱乐和信息服务提供丰富的功能和体验。例如,车载导航系统可以提供实时交通信息和路线规划,智能语音助手可以通过语音命令控制系统功能。(6)智能电池管理系统用于新能源汽车的电池管理和优化。它可以监测电池状态、温度和充放电过程,并进行智能管理,以提高电池的寿命和性能。

四、汽车轻量化技术

汽车制造业从设计端简化结构、改用新型材料,能够每年减排 8 900 万吨碳排放(Allwood,2018)。轻质结构是一种设计理念,旨在减轻重量,同时提高资源效率。一方面,采用新型材料和创新的生产工艺或结构设计可减轻产品的自身重量,另一方面,轻质构造产品的较长使用寿命和气候友好的回收性能也有助于节省资源和碳排放量的减少。根据国际铝业协会的研究报告,燃油车每减少 100 kg,碳排放量可减少 800 g—900 g;新能源汽车车身减重 10%,电耗下降 5.5%,续航里程可增加 5.5%。从实现方式来看,轻量化的实现途径主要包括:(1)材料轻量化,包括低密度的轻质材料和高强度材料两种类型,前者诸如铝合金、镁合金、钛合金、塑料、多孔发泡、塑料复合材料等;后者包括高强度钢板、热冲压成形钢、高强度铸铁等。(2)结构轻量化,从汽车零部件概念设计、初始结构设计、产品工程设计和样车制造过程来分析结构轻量化的设计。(3)制造工艺轻量化,目前应用较为广泛的包括激光拼焊板、热冲压成型、柔性轧制板、滚压成型、微发泡成型、半固态成型、液压成型和轻量化材料的连接技术等。

专栏 3.2　德国轻质结构技术联盟

塑料、碳纤维、玻璃纤维等加强型塑料,铝、镁、钢等金属和合金,陶瓷、黏土等矿物材料,以及木材、纤维素等天然材料均为轻质结构材料。材料来源的广泛性和用途的多样性使轻质结构成为通用技术工艺,也就是说是一种能进行跨领域创新和不断开发的技术工艺,广泛应用于汽车、航空、建筑、生产、生活等多个领域。德国联邦经济和能源部于 2021 年发布了轻质结构战略,旨在为德国的轻质结构技术提供必要的政策支持,并每年为轻质结构研发资助 7 000 万欧元。全德企业、高校、研究机构的参与积极性颇高,其中,中小型企业 559 家、大型企业 239 家、研究所 100 家、高校 167 家、行业协会等其他主体 102 家。

五、自动驾驶技术

自动驾驶是在没有人为操作的情况下,通过环境传感器收集信息并在控制单元中进行处理且具备道路环境感知、路线决策规划、车辆控制执行的能力(图 3.2)。自动驾驶技术在很大程度上受到网络和自动化技术路径的影响,涉及环境感知、路径规划系统、辅助驾驶等关键环节,传感器、驾驶辅助系统、数据传输系统等相关技术成为今后的主要发展方向。

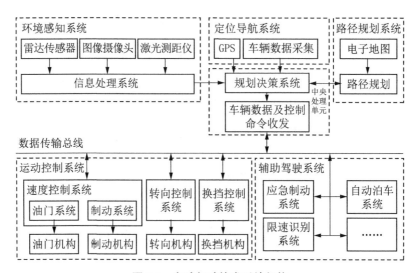

图 3.2　自动驾驶技术系统架构

具体来说:(1)主动防护技术基于大数据与人工智能,通过对车辆进行全面、实时的安全威胁监测、预警与分析，实现更高效安全的整车防护，从边界防御向主动安全纵深防御体系跃升，实现威胁提前感知，动态实时响应。(2)多传感器融合技术，提高了自动驾驶汽车系统的性能，且按照自动驾驶级别的提升，所需要传感器数量逐渐增加，激光雷达可能进入爆发期（表3.5），预计2025年市场规模有望突破80亿元。(3)辅助驾驶系统涵盖硬件和软件两大部分，前者包括控制器和各种芯片等硬件平台，后者涵盖操作系统、Hyperviso等软件平台，其中未来智能座舱系统将实现以座舱域控制器为中心，在统一的软硬件平台上实现人车交互、车与外界互联，成为各大企业争夺的焦点领域。(4)随着汽车电子技术的不断发展和汽车系统的集成化，转向和制动系统转换为X-By-Wire技术，驾驶员的制动或转向不需要传统的机械机构传递控制信号，而是以电子方式传输到相应的执行器，底盘控制系统发挥支持作用。

表 3.5　各级别自动驾驶所需要的传感器数量

类 型	L0	L1	L2	L3	L4	L5
摄像头	0	1—3	3—11	3—14	3—14	3—14
毫米波传感器	0	1—3	1—3	5—7	5—7	5—7
超声波传感器	0—4	4—8	8—12	8—12	8—12	8—12
激光雷达	0	0	0	1	2	4
总　计	0—4	6—14	12—26	17—34	18—35	20—37

第三节　全球汽车制造行业的发展方向

全球汽车制造领先企业纷纷发布"脱碳时间表"，有些甚至提出颇为具体的推进目标及关键举措。尽管实现方式、具体策略和时间节点各异,但殊途同归,其背后显现的是汽车行业产业链、价值链、供应链乃至社会层面的全方位竞争,并浮现出以下五个主要趋势。

一、趋势一:模块化、平台化、标准化成为主流趋势

汽车制造由模块和平台两个部分构成,大量新兴企业进入汽车制造生态系统,行为主体日渐丰富,并叠加至已有价值链之上,建构了一种新型价值创造模式(图3.3)。具体来说:(1)汽车平台化是指一个平台同时承载不同车型的开发生产,整车企业的需求向上推动零部件企业由单车定制转变为标准,提升生产效率,平台里共用汽车基础的部分如底盘、车身结构等,也

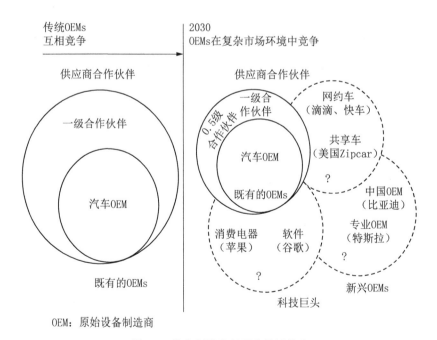

OEM: 原始设备制造商

图3.3 汽车制造业新型价值链模式

资料来源:McKinsey Company,Automotive revolution-perspective towards 2030,2016.

有个性化的部分比如内饰、轴距等变化,如大众 MBQ、MEB 平台就是整车平台化的典型代表;(2)整车企业采购方式由单个零部件采购转变为整个模块采购;平台内调整"模板"研发打造出不同车型,系统独立于车辆构件或战略构件,并逐渐形成统一标准,可以通过许可或授权被使用;(3)基于供应链所形成的协同合作关系更加稳固,即:核心公司将聚焦于车身和通信基础设施的研发,配套公司则负责相应的零部件和系统,并可共享工艺和设计环节所需的创新技术和知识。

二、趋势二:带轮子的智能手机

数字化和软件已成为全球汽车制造的新战场,积极搭建"车路云网图"一体化生态系统,参与智能网联、共享出行、自动驾驶等软件产品,硬件智能化、软件定义汽车成主流趋势。未来,汽车有望从单一的交通工具变成一个集成出行、娱乐、工作等功能的平台,成为基于软件的高科技产品。根据戴尔科技的预测,到 2030 年,移动服务可能占到汽车制造行业利润的 30%,100% 的新车实现互联,汽车价值的 50% 以上源于电子和软件。"由于自行开发技术和软件很困难,汽车公司可以与数字巨头合作,成功地将软件变成主要的赚钱工具,或者建立大量的内部资源,主要靠自己来实现。"在这种背景之下,数字经济已经成为要素资源重组、重塑全球竞争格局的关键力量,原有的创新方式正在被一种更为激进的方式所取代,汽车制造企业从而分化为新型竞争者、移动性平台企业、高科技信息技术企业、互联网基础设施和技术摄供者和原始设备制造商等五种类型(表 3.6)。

表 3.6　全球汽车制造业新型分布格局和企业分类

分　类	主要特点	典型代表
新型竞争者	将汽车核心竞争力与信息经济相结合	特斯拉
移动性平台企业	开发基于自动驾驶的移动平台商业模式	Waymo
	依靠共享经济,将移动作为一种服务	Uber、Lyft、Didi Chuxing 或 Ola
高科技信息技术企业	不关注车辆的建造或运行,但在数据和信息利用领域产生附加值;基于其在信息领域的专业知识,介入汽车架构,开发新型的操作系统	谷歌、苹果、百度等
互联网基础设施和技术提供者	芯片制造正在发展成为高度自动驾驶的专家;云供应商则通过使用其 IT 基础设施的数据,产生创造价值的潜力	亚马逊网络服务、微软、阿里巴巴、华为、英特尔、英伟达
原始设备制造商	老牌 OEM 厂、知名产业链供应制造商	富士康、博世、大众等

资料来源:Boes A., Ziegler A. Umbruch in der Automobilindustrie[J]. Analyse der Strategien von Schlüsselunternehmen an der Schwelle zur Informationsökonomie(Forschungsreport). München: ISF München.

三、趋势三:数据共享与追踪系统

越来越多的企业运用"开源"的方式,通过构建对外协作、技术研发的开放式平台,进而延伸出了很多真正可落地的商业模式。诸如:2020 年 6 月,大众汽车软件部门宣布将采用"开源"方式改进车载操作系统。德国汽车制造寡头宝马以 SAP 为中心,于 2021 年 5 月推出 Catena-X,被誉为可持续材料追踪和数据共享的"灯塔项目",截至 2023 年 2 月,已有福特、微软、IBM、NTT、富士通等 137 家公司加入。其主要特点包括:(1)开放的数据生态系统,使用统一的数据和信息流标准;(2)创建数据交换基础设施,构建一个涵盖云平台、数据传输标准、识别系统等元素为核心的数据交换环境;(3)源组件用于数据交换,不仅能够提高汽车制造和生产的效率,也能避免在技术层面上的重复研发与投入,进而提升汽车行业的整体创新能力。

四、趋势四:氢能源汽车成为未来的终极发展方向

美国、德国、日本等发达国家均将氢能放在国家能源战略高度予以对待,这进一步促进了氢能汽车的发展。一般来说,与锂电池汽车相比,氢能汽车具有高能源转化效率、长续航里程、短加注燃料时间等优势(表 3.7),且能够满足长行驶里程需求,有望在高里程汽车、卡车、公共汽车方面取得重要突破,预计到 2024 年,全球氢能源汽车市场规模将达到 260 万辆;到 2030 年,市场规模将超过 1 000 万辆。

表 3.7　全球代表性氢能汽车车型及其简介

汽车制造商	车型	主要特点
丰田	Mirai (XLE 和 Limited)	134 kW 的输出范围,至少有 141 升的氢气储存,续航里程在 650 km 左右
现代	Nexo(Blue 和 Limited)	长达 156.5 升的车载氢气储存空间;续航里程约为 660 公里;95 千瓦的燃料电池组,配以 40 千瓦时的电池组,为电机提供 161 马力和 291 磅英尺的扭矩
	Staria	使用第三代燃料电池组 200 kW
宝马	IX5	将储存的氢(在 2 700 个容量的条形储罐内,储罐采用碳纤维增强塑料制成)转化为电力;输出功率可达 125 kW
通用	陆军用车	测试阶段使用氢动力燃料电池行驶了约 310 万英里
路虎	Defender	为"宙斯项目"的工程项目的一部分,仍处于测试阶段

五、趋势五:延伸至电力供应和低碳技术创新领域

一方面,产品开发和设计、材料选择和生产流程、制造工艺的改进,成为绿色低碳技术创新源。如:奔驰回收工厂采用湿法冶金技术,将报废电池回收率提高至 96%;捷豹路虎尝试氢燃料技术研发;大众每年有约 2 500 万欧

表 3.8　全球主要汽车制造商能源研发项目汇总

品牌	车型	车辆到电网技术(V2G)	储能技术(DES)	电池二次寿命及应用(SLB)	综合能源系统应用(IES)
宝马	i3	美国加利福尼亚智能电网项目		美国加利福尼亚 PG&E 项目	南威尔士风场储能项目
	Mini-E	美国特拉华大学肯普顿(Kempton)教授合作项目		与德国汉堡 Vattenfall and Bosch 公司合作项目	
	Mini Coopers	美国加利福尼亚 PG&E 项目			与荷兰合作临上风场项目(Princess Alexia)
	iPerformance EV	美国光伏和风力发电整合项目		EVgo 快速充电项目	
	i8				
梅赛德斯	EQC			德国 Lunen 电池存储项目(GETEC, REMON-DIS)	固定式储能和电网平衡项目；德国 Elverlingsen 能源应用项目(固定存储设施)
菲亚特	Fiat 50 EV	FCA 和 Engie EPS 在意大利都灵灵工厂联合			
	Panda EV	开展储能和 PV 项目			
通用	Volt	美国旧金山,后备二代储能系统			

续表

品牌	车型	车辆到电网技术(V2G)	储能技术(DES)	电池二次寿命及应用(SLB)	综合能源系统应用(IES)
本田	Fit-EV	英国 Moixa 公司智能电池管理软件项目			
		德国欧芬巴赫电网项目			
现代	Ioniq	韩国 KEPCO 项目，后端电池			
起亚	e-Soul	与美国加利福尼亚大学尔湾分校合作 APEP project			
	e-Niro				
标致	∂-2008	丹麦 V2G 和储能项目			
	e-Traveller	法国 V2G 和储能项目			
	iOn	丹麦技术大学合作 V2G、电网运动项目			
	Citroen C-Zero	美国加州 UCSD 投资和智能电网项目			
三菱	i-MiEV	丹麦 V2G 和储能项目		法国 Mitsubishi (MMC)、PSA 和 EDF 合作项目	
		日本东京电力和东京电力能源公司 V2G 和光伏储能项目			

续表

品牌	车型	车辆到电网技术(V2G)	储能技术(DES)	电池二次寿命及应用(SLB)	综合能源系统应用(IES)
三菱	i-MiEV	荷兰 V2G 和光伏太阳能存储，NewMotion，TenneT 和 Enel 第三阶段项目			
		荷兰阿姆斯特丹智慧城市项目；英国 V2G, e4Future 创新合作项目；美国加州大学洛杉矶分校 V2G, SMERC 项目		法国 Mitsubishi(MMC)、PSA 和 EDF 合作项目	
尼桑	Leaf	荷兰光伏 V2G, SEEV4-城市项目	荷兰光伏板项目	与日本 Sumitomo 成立合资企业进行研发	
		英国 Ametek 能源储存和管理实验室项目	英国储能项目	荷兰 SEEV4 城市项目	英国能源储备实验室项目
	e-NV200	英国 V2G, WPD 项目	日本 Leaf_To_home 项目	英国能源储备实验室项目	降低大型制造高成本的项目
		丹麦、非洲、美国、德国、纳米比亚、英国、智利、比利时等 28 个项目	英国 Warwick 大学家用和工业储能项目	与美国 Fermata 能源公司合作的储能系统	荷兰阿姆斯特丹特丹 V2G Johan Cruyff 项目
				荷兰阿姆斯特丹特丹 V2G Johan Cruyff 项目	与 WMG 和 Warwick 大学合作家庭和工业用途电池存储项目
				与 CEC、RML、BWF 和 UC Davis，合作项目	尼桑巴塞罗那工厂 ELSA 项目
				英国 ELSA 项目	

续表

品牌	车型	车辆到电网技术(V2G)	储能技术(DES)	电池二次寿命及应用(SLB)	综合能源系统应用(IES)
雷诺	Zoe	Porto Santo island 供应商合作项目			
	Twizy Fluence BEV	荷兰乌得勒支 Zoe with We Drive 光伏项目	德国 ELSA 项目	全电动客船电器应用项目	
	Renault Z.E.	下一代能源计划, V2G, PV 利房屋整合计划		比利时和德国共享能源,E-STOR,二次储能项目	
	Kangoo Z.E.	荷兰 IRIS 项目,乌得勒支 Lighhouse 城市,光伏电池	德国 EUREF 校园,雷诺项目,合作固定储能系统	德国固定储能和移动房屋项目	
		比利时 Umicore 网络稳定项目		法国联合技术研发中心固定储能系统	
				德国亚琛工大合作 ELSA. E. ON-ERC 固定储能系统项目	
				意大利 ELSA. ASM TERNI,固定储能系统	
西亚特	SEAT	西班牙 V2G, SUNBATT, Endesa, UPC, IREC 和 CIRCE 项目			

续表

品牌	车型	车辆到电网技术(V2G)	储能技术(DES)	电池二次寿命及应用(SLB)	综合能源系统应用(IES)
特斯拉		加拿大 TransAlta 和 WindCharger 项目	波多黎各,太阳能电池板和家用电池组		澳大利亚与 PG&E 合作的紧急能源系统
			特斯拉光伏城市(能量墙)		特斯拉光伏城市(能量墙)
					加拿大 TransAlta 和 WindCharger 项目;和亚马逊合作的光伏储能电池系统;和英国 MSP 合作开发储能电池系统;与 DP 合作管理非洲电力系统;特斯拉干兆工厂(中国上海、美国内华达州,荷兰蒂尔堡、德国柏林)
丰田	Camry Hybrid	日本丰田和中部电力项目			
奥迪	e-Tron	美国加州黄石公园光伏项目	瑞士太阳能电池板和家用电池项目	固定式储能设施,EUREF 园区	
		瑞士智能电网解决方案			
		柏林 V2G,储能设施、EU-REF 园区			
大众	e-UP	德国 V2G, INEES 项目,SMA 太阳能、电池与光伏项目		限制巴士的峰值电力需求	

元用于投资全球减排项目。另一方面,助力新能源和基础设施建设
(表3.7),提供光伏发电＋储能＋充电一体化的服务。诸如:特斯拉的超级
充电站网络、保时捷投资逾 10 亿欧元支持风力太阳能发电、通用预计新建
2 700 个快充设施。

第四章
世界主要国家汽车制造业发展战略的比较研究

　　碳达峰、碳中和是21世纪全球发展的核心议题,全球主要国家均积极以新经济视角来审视汽车制造业,采取多项鼓励绿色低碳技术的创新战略,以此降低能源和资源消耗,同时,通过技术创新打造自身在世界范围内可持续发展的竞争力水平。目前,发达国家已通过战略引导形成了低碳技术特色优势格局,通过美国、德国、日本经验及案例进行梳理,旨在为我国汽车制造业低碳发展过程中遇到的问题提供政策解决方案。

第一节　美国汽车制造业发展战略剖析

一、产业概况

　　美国汽车制造业具有悠久的历史,20世纪70年代被认为是兴衰的分水岭,特别是伴随着日本汽车产业的崛起,通用、福特国际地位随之下滑,汽车制造业行业增加值占GDP的比重迅速减少(图4.1),美国市场日系汽车和美系汽车市场份额基本维持在35%和43%的稳定范围之内。

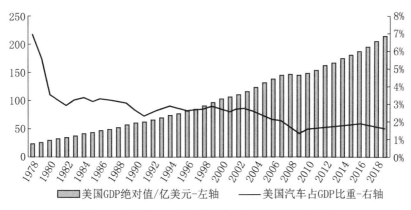

图 4.1　美国 GDP 总规模及汽车产业比重/亿美元

资料来源：wind，东吴证券研究所。

目前，汽车制造业在美国的生产基地分布广泛，包括密歇根州、俄亥俄州、肯塔基州、田纳西州等地，汽车制造市场总值 1 041 亿美元；2019—2020年间，美国汽车产量基本稳定，维持在千万辆左右，汽车销量则呈下降趋势，2022 年仅 1 423 万辆。但是，需要指出的是，美国汽车制造业拥有大量的汽车零部件供应商和相关服务提供商，涉及制造、设计、工程、销售和售后服务等各个环节，为国内创造了大量就业机会（表 4.1）。

表 4.1　美国汽车制造业情况

年份	生　　产		销售（万辆）	雇员（人）
	数量（万辆）	全球占比（%）		
2019	1 089	11.8	1 749	848 800
2020	882	11.4	1 488	787 200
2021	916	11.4	1 541	772 100
2022	1 006	11.8	1 423	990 600

资料来源：OICA，https://www.oica.net/category/sales-statistics/；Bureau of Labor Statistics，Automotive Industry：Employment，Earnings，and Hours.

二、新能源汽车

美国早在 1976 年便通过了《电动汽车和混合动力汽车研发和原型试验条例》,以立法和政府财政支持政策措施的形式,推动新能源汽车的发展;1991 年,通用汽车、福特和克莱斯勒谈判成立了美国先进电池联盟(USABC),共同研发电动汽车用高性能电池,镍氢、锂聚合物和锂离子电池已于 1995 年投入商业生产。基于其先发优势,美国在电动汽车制造、基础设施和创新等方面持续保持领先(表 4.2)。

表 4.2　全球汽车制造企业能级比较分析

电动汽车指数	电池指数	传统汽车制造厂商(前十名)
Tesla、Lucid Group、Rivian Automotive、NIO、Li Auto、XPeng、Fisker、Nikola、Arrival、Proterra、Lion Electric、Hyzon Motors、Canoo、Hyliion Holdings Corp	LG Energy Solution、BYD、Contemporary Amperex Technology Ltd、Samsung SDI、Gotion High-Tech、Eve Energy Co、Farasis Energy Gan Zhou	Toyota Motor、Volkswagen、Kia、General Motors、Ford Motor、Nissan Motor、Stellantis、Renault、Hyundai Motor、Mercedes-Benz

资料来源:International Energy Agency(IEA), Global Electric Vehicle Outlook 2022 [R]. 2022.05.

从新能源汽车销售量来看,2018—2020 年,美国持续保持在 35 万辆左右,渗透率在 2% 左右徘徊;2021 年销量首次出现突破,达到 63 万辆左右,渗透率提升至 3.2%;2022 年,销量攀升到 90 万辆,渗透率为 7.14%,排名在中国之后(图 4.2)。

支撑美国市场增长的关键驱动力在于特斯拉车型产量的增加,以及传统汽车制造商新一代电动车型的出现、相关产业投资和基础设施建设的加速。一方面,特斯拉主导美国乃至全球新能源汽车市场,2021 年全美销量超过 30 万辆,Model Y 成为全美最畅销的电动汽车车型,2021 财年特斯拉

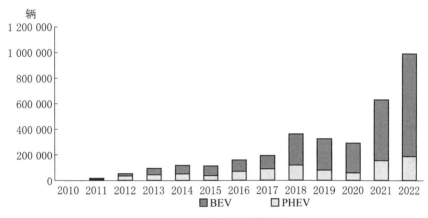

图 4.2　美国电动汽车销售量

资料来源：International Energy Agency（IEA），Global Electric Vehicle Outlook 2022［R］.
2022.05.

在美国销售额达到 240 亿美元；一些传统老牌车企也纷纷加入电动汽车制造领域，如福特汽车、通用汽车等；通用汽车承诺到 2025 年，推出 30 款电动汽车，其中超过三分之二将在北美上市（表 4.3）。另一方面，2022 年 2 月，美国交通部和能源部宣布将根据两党基础设施法制定的国家电动汽车基础设施（NEVI）方案计划，在 5 年内提供 50 亿美元资金，帮助各州沿着指定的替代燃料走廊，特别是沿州际高速公路系统建立充电站，旨在建立拥有 50 万个充电桩的国家充电网络。

表 4.3　美国主要车企电动化战略

车　企	计　　　划
特斯拉	2030 年实现每年销售 2 000 万辆电动汽车。
通用	2025 年推出 30 款全新的纯电动车车型；全面增加 2 700 个新的快速充电站。到 2025 年，实现美国和中国电动汽车年销量超过 100 万辆；2020—2025 年，将在纯电动车车型上投资超过 350 亿美元；2035 年停止销售汽油动力车。
福特	到 2023 年全球产能提高至 60 万辆；到 2030 年全球销量的 40%—50% 为纯电动汽车。

三、政策体系

早在 1990 年,美国就出台了各种能源及空气清洁法案,希冀以此达到燃油汽车的尾气排放减少、非石油能源代替石油燃料等目的;进入 21 世纪以后,再次出台多项法案,制定更为严格的燃油效率和排放标准。通过税收减免、定向征收等手段,增强公众对新能源的认可度与接受度并鼓励企业投入资金对新能源燃料展开研究(表 4.4)。

表 4.4　美国汽车制造相关法规体系

政策体系	主要内容	代表性法规及政策
制定依据	因美国汽车工业起步至今已有百年,其法规和相关政策较为完善,新能源汽车的政策在此基础上,叠加强制性法律法规作为依据,以保证市场的平稳性	空气清洁法案、国家能源政策法案、能源促进和投资法案、可再生燃料、消费者保护和能源效率法案、美国复苏与再投资法案
政策方向	技术研发:电池组、电机及相关零部件,以及配套充电基础设施建设	SEA 燃料电池标准委员会、燃料电池电动汽车协助计划、H.R.633 法案、美国下一代电动汽车动议、44 亿元能源法案
财税政策	整车销售补贴、个税抵扣、税收抵扣和低息贷款	汽车燃油能耗和排放全国性标准、补贴政策退坡、美国电动充电器减税优惠政策
积分政策	美国环境保护署(EPA)和美国公路交通安全管理局(NHTSA)共同制定考核标准	能源政策法案、CAFÉ 积分制度细则

首先,拜登政府政策加码,明确提出 2030 年零排放汽车新车渗透率为 50%(销售的所有新车中,有一半是零排放汽车,包括电池电动汽车、插电式混合动力汽车或燃料电池电动汽车),2050 年达到碳中和。具体包括 1.75 万亿美元支持美国电动车发展的刺激政策,内容涉及完善国内产业链、销售折扣与税收优惠;2030 年建设 50 万个充电桩;校车、公交以及联邦车队电动化;美国环保局确定了最终乘用车和轻型卡车温室气体排放标准(2023—

2026 款车型),规定 2023—2026 年新出厂车辆排放标准每年提升 5%—10%,至 2026 年所有新车型的二氧化碳排放目标限制在 161 克/英里,实现每加仑行驶 40 英里的燃油经济价值,美国环保局预计到 2026 年,纯电动汽车和插电式混合动力汽车的市场份额将达到 17%;单车补贴金额上限调整至 1.25 万美元,增加 1 000 亿美元用于消费者补贴;取消单一车企 20 万辆累计销量的补贴限制,改为当年电动车销量占比超过 50%后,退税补贴将退坡。

其次,根据《美国锂电池 2021—2030 年国家蓝图》,美国对电池上游资源、中游材料、中游电芯制造、下游电池回收以及下一代锂电池研发进行了全面覆盖(表 4.5),目标是在 2025 年量产低钴或者无钴电池,2030 年量产无钴和无镍的锂电池;确保原材料、精炼材料和加工材料的可靠供应,努力寻求可持续的替代品,减少对钴和镍等稀有材料的依赖;加大美国锂电池材料加工的发展,消除锂电池中关键矿物并提高阴极、阳极、电解质等电池材料加工工艺,达到降低成本的目的;制定联邦政策框架,支持美国电极、电池芯、电池组的发展,特别是要建立公平和持久的供应链,鼓励、刺激锂电池需求市场的增长;形成报废锂离子电池的再循环利用价值链,同时需要开发新方法降低回收成本;加大对科学研究、工程和数学教育、科技人才队伍的支持与发展,在美国建立起有竞争力和公平性的锂电池供应链。

表 4.5　美国电池产业的发展策略

政策体系	主要内容
支持材料加工基地发展	到 2025 年,促进生产低/无钴活性材料实现规模化;创新工艺,电池成本实现 60 美元/千瓦时目标;2030 年,生产无钴和无镍活性材料并实现规模化
刺激电极、电池和电池组制造业发展	到 2025 年,将推动新兴电池设计;到 2030 年,开发下一代电池组材料、组件、设计创新以及先进制造和装配工艺,将电动汽车制造成本降低 50%

续表

政策体系	主要内容
确保获得原材料和精炼材料	减少美国锂电制造对稀缺材料尤其是钴和镍的依赖,以发展更强大、更安全和更具弹性的锂电供应链
促进报废再利用和关键材料实现大规模回收	到 2025 年,提高钴、锂、镍、石墨等关键材料的回收率,同时开发能使这类材料重新用于供应链的加工技术;2030 年,促进消费型电子产品、电动汽车和电网存储电池达到 90% 的回收利用率
大力支持研发 STEM 教育	到 2025 年,启动锂电池技术和配置标准化;2030 年,实现包括固态和锂金属在内的革命性电池技术的示范和规模化生产,保证生产成本低于 60 美元/kWh,且不含钴和镍

最后,美国新能源汽车两大支柱政策 CAFÉ 积分制度细则和碳排放 (GHG)积分细则(表 4.6),前者由美国环境保护署(EPA)和美国公路交通安全管理局(NHTSA)共同制定考核标准,主要考量汽车的动力系统效率,注重经济性;后者则主要考虑汽车碳排放对气候的影响,对新能源汽车制定了优惠政策——加权乘数,在计算企业平均碳排放时可以将电动车产量乘以加权乘数,可以降低企业整体碳排放数据。

表 4.6　美国 CAFÉ 积分制度和碳排放(GHG)积分细则对比分析

标　准	碳排放(GHG)积分细则	CAFÉ 积分制度
指定官方	美国环境保护署(EPA)	美国环境保护署(EPA)和美国公路交通安全管理局(NHTSA)共同制定
积分制度	达标超额部分每 1 g/mile 获得 1 积分	每 0.1 mpg 获得 1 积分,总分为此类型总产量乘以 10
不同车型积分转换	无限制	不同车企之间积分可以交易,转换或交易所得的积分不能用来弥补国产乘用车的积分不足
积分结转与借贷	结转 5 年,借贷 3 年	结转 5 年,借贷 3 年

标　准	碳排放(GHG)积分细则	CAFÉ 积分制度
积分不足罚款	不允许罚款,积分不足将停止销售不合规车辆	每 mpg 不足罚款 55 美金
新能源激励	激励乘数 2022—2026 年分别为:EV-1/1.5/1.5/1/1、PHEV-1/1.3/1.3/1/1	激励因子为 0.15

资料来源:新能源汽车行业专题研究报告:美国新能源汽车专题分析。

第二节　德国汽车制造业发展战略剖析

一、产业概况

德国汽车工业包括汽车制造商、汽车零部件和配件供应商以及拖车和车身制造商。2020 年,德国汽车工业直接就业人数平均接近 809 000 人,德国每 7 个工作岗位中就有一个与汽车行业有关;共有 968 家企业活跃在德国汽车制造行业,奔驰、大众、宝马等世界知名车企云集。根据欧盟的数据,德国汽车制造业占全球研发总支出的三分之一以上,德国的三家公司跻身汽车行业研发投入前五名。

2020 年,德国汽车制造业年营业额约为 3 780 亿欧元(表 4.7),是继中国、美国和日本之后的第四大汽车生产国。汽车和发动机制造商对汽车行业总营业额的贡献超过四分之三(2 960 亿欧元);汽车供应商创造了近五分之一(707 亿欧元)的行业营业额,车身和挂车制造商创造了近 3％(110 亿欧元)的行业营业额。此外,近三分之二的销售额(2 428 亿欧元)源于海外市场,特别是欧盟以外的国家。

表 4.7　德国汽车行业关键数据指标

	2019 年	2020 年
营业额(百万欧元)	436 156	378 173
国内销售额(百万欧元)	153 425	135 394
国外销售额(百万欧元)	282 730	242 778
员工数量(人)	832 841	808 935
国内生产(辆)	4 663 749	3 508 479
国外生产(辆)	11 379 606	11 379 606
汽车出口(辆)	3 480 451	2 633 109
汽车出口率(%)	74.6	75.2
德国新注册车辆(辆)	4 335 004	3 602 045
其中:汽车	3 607 258	2 917 678
其中:商用车	409 801	349 071
其中:机动车拖车	317 945	335 296

资料来源:德国经济和气候保护部。

二、新能源汽车

德国是欧洲最大的汽车市场,也是最大的电动汽车市场。2008—2022 年德国登记全电动汽车数量呈逐年上升态势,电动汽车数量规模持续扩大(图 4.3),并在 2022 年形成了断层式的增长,市场规模超过 80 万辆;全年电动汽车占新车产量的 25%,总销量占全欧洲的 39%。预计到 2030 年,德国将有 800 万辆电动汽车上路,将建设 100 万个充电站,欲使电动车保有量达1 500 万辆。

根据德国经济与能源部的调查,全球市场共有超过 70 款新能源汽车源于德国制造商;按照电动汽车品牌来看,2022 年排名前三的分别是大众、雷诺、特斯拉,数量分别达到 126 228 辆、87 748 辆、66 422 辆;根据 2021 年 7

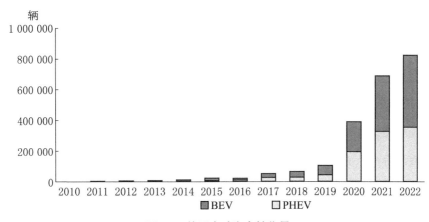

图4.3　德国电动汽车销售量

资料来源：International Energy Agency（IEA），Global Electric Vehicle Outlook 2022［R］. 2022.05.

月发布的麦肯锡电动汽车指数，预计德国全球市场占有率在2024年增加到29%，领导地位进一步巩固，特别是在技术维度（图4.4）。

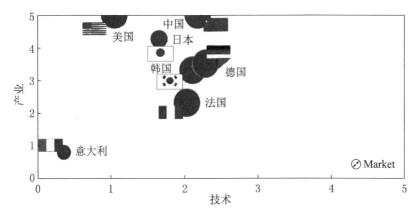

图4.4　德国新能源汽车技术和产业地位比较

资料来源：Fka and Roland Berger，New fka and Roland Berger E-Mobility Index finds China best prepared for electric mobility among all automotive nations，https://www.greencarcongress. com/2019/12/20191204-emob.html.

三、政策体系

自 2012 年以来,德国已有 22 个新能源汽车旗舰项目获得了资助,包括:传动系统技术(例如整车、传动系统技术、制造技术、轻量化结构)、能源系统和能源存储(例如材料开发、燃料电池技术和电池、模块化制造技术、安全性和寿命)、充电基础设施和电网整合(例如智能电网、能量回收、通过感应的能量传输、快速充电系统)、移动概念(例如电动巴士系统)、回收利用效率和信息通信技术。总体来说,德国通过立法、引导等多种举措(表 4.8),使得汽车制造转型与低碳发展力度不断增强。

表 4.8　德国汽车制造法规体系

维　　度	代表性法案及关键举措
发展规划政策	新欧洲能源政策、气候保护法
技术与能源限制性政策	锂离子电池联盟、交通和燃料战略
配套基础设施政策	国家电动车发展计划
推广与补助政策	新能源汽车示范项目、电动汽车的环境红利

第一,2019 年 4 月,欧盟委员会确立了全欧盟范围内汽车平均碳排放截至 2030 年降低 37.5% 的目标。具体到乘用车领域其实就是一个核心指标:95 克/公里(即:乘用车平均每公里二氧化碳排放量不得高于 95 克,而轻型商用车不得高于 147 克)。以此为基础,根据德国《气候保护法》修订版,联邦政府的目标是到 2030 年至少 100 万个充电桩,注册电动汽车和卡车占比分别达到 19% 和 11.7%。到 2030 年,交通部门的二氧化碳排放量将减少 50%,至 8 500 万吨二氧化碳。以此为基础出台了多项一揽子措施,如:到 2030 年建设 100 万个充电站;对 2021 年以后新购买的燃油车征收基于公里碳排放的车辆税;从 2021 年起以每年 10 亿欧元的投入加快地区公

交电动化的更替;以及到 2030 年投入 860 亿欧元对全国铁路网电气化和智能化改造升级;电动汽车的"Umweltbonus"(环境红利):购买电动或燃料电池汽车最高可获得 6 000 欧元;购买带有可外部充电电池的混合动力电动汽车的买家可获得高达 4 500 欧元的补助金。

第二,碳定价机制、能源税、汽车税等关键举措并行(表 4.9),特别是 2020 年 10 月 16 日,德国第七项《机动车税法修正案》(《联邦法律公报》Ⅰ 第 2184 页)规定,从 2021 年起,在交通运输领域开始生效,将通过逐步递增的税率,为低排放车辆提供更大的激励。具体而言,95 克/公里至 115 克/公里为 2 欧元、115 克/公里以上至 135 克/公里 2.2 欧元、135 克/公里以上至 155 克/公里 2.5 欧元、155 克/公里以上至 175 克/公里 2.9 欧元、175 克/公里以上至 195 克/公里 3.4 欧元、超过 195 克/公里 4 欧元。

表 4.9　德国现有政策工具的评价分析

政策工具	近　期		中远期		对公共投融资是否存在积极作用
	运输需求	交通方式	车辆效率	驱动技术	
碳定价	×	×	×	×	×
能源税	×	×	×	×	×
车辆标准			×	×	
企业汽车税改革	×	×	×	×	
减少/取消距离津贴	×	×			
重型货车通行费碳定价	×	×	×	×	×
促进铁路货物运输		×			
电动汽车配额				×	
高速公路限速		×			

资料来源:Sibylle B., Benjamin K., Veit B., Jakob G., Die Rolle der CO$_2$-Bepreisung im Instrumentenmix für die Transformation im Verkehrssektor[R]. Umwelt Bundesamt,2022.06.

第三,为了推进交通领域的能源转型,德国正在推行一项基础广泛且技术中立的交通和燃料战略(MFS),该战略将所有替代技术和能源都考虑在内。以生物燃料、天然气或液化气为动力的车辆为实现交通领域的气候目标做出了重要贡献。继联邦内阁于 2017 年 2 月 15 日作出决定后,德国联邦议院于 6 月 1 日决定继续提供资金,该资金原本限制到 2018 年底。液化石油气最初在 2018 年底之前享受税收优惠,但现在补贴将逐渐减少,直到 2022 年底。对于天然气和沼气,税收优惠延长至 2023 年底,然后将在 2026 年底前全部淘汰。

第四,倡导绿色出行,提升公共交通的吸引力。诸如:联邦政府和国家铁路公司德国铁路公司将在铁路网络上投资 860 亿欧元,提升铁路运力和效率及安全技术的数字化水平;扩大自行车基础设施,从 2020 年到 2023 年,总共将提供约 14 亿欧元用于自行车交通,推广示范项目并扩大综合自行车路线网络;购车补贴/免税:根据 Deutsche Bank Research 的研究报告分析,对于紧凑型车辆(如大众 ID.3 和大众 golf life,净价在 3 万欧元左右),减少至少 15 000 欧元的使用成本;对于中高档车辆(如奥迪 E-Tron 50 quattro 和 SQ5,净价约为 5.9 万欧元),降低了至少 20 000 欧元的使用成本。

第三节　日本汽车制造业发展战略剖析

一、产业概况

日本战后经济在美国支持下快速恢复,在模仿创新与贸易保护政策下,汽车产业快速发展起来,实现了日本本土制造国民车的梦想,且产生了多家汽车生产企业,国内竞争加剧。1965 年开始,在政府主导刺激下,日本迅速完成国内整合,1969 年形成丰田＋日产为主,东洋＋三菱＋本田＋马自达为辅的局面;特别是自 1970 年代开始,日本汽车制造商开始向美国市场拓展,日本汽车工业产值保持每五年翻一番的速度,21 世纪初日本制造商在美国销量水平突破 1 700 万辆;1985—1995 年间,丰田、本田经历本土整合及美国市场淘汰,占比下降至 4％之后,开始逐渐稳定,基本维持在 5％上下(图 4.5)。

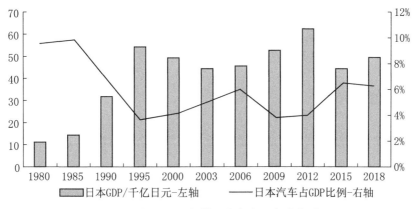

图 4.5　日本 GDP 总规模及汽车产业比重/亿美元

资料来源:wind,东吴证券研究所。

但需要指出的是,1995 年以来,随着日本汽车制造业海外投资的增加,2022 年日本汽车制造商在海外生产了 1 695 万辆汽车,较 2021 年的 1 642 万辆增长 3％,而日本国内的汽车产量仅 784 万辆,海外的汽车产量主要集中在亚洲市场,产量高达 1 005 万辆,占海外产量的 61％;其次是北美,产量为 344 万辆,其中美国产量达 272 万辆,占比 16.5％,为国内的两倍多(图 4.6)。

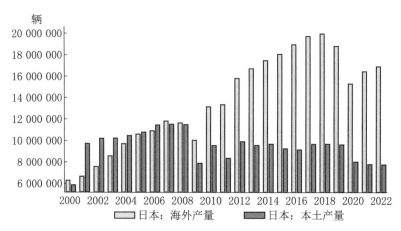

图 4.6 日本汽车制造业本土和海外产量对比

资料来源:侯秋芸:《超越日本,全球第一?》,华尔街见闻,2023 年 6 月 7 日,https://mp.weixin.qq.com/s/_WywwUzKCxJ6DzD0YfvaLA。

二、新能源汽车

日本在新能源汽车产业发展中,重点布局混合动力汽车,这一点从近年来日本电动汽车的销售量信息中可以得到验证。在充电基础设施建设方面,除政府补贴外,日本四大汽车企业丰田、日产、本田及三菱联合日本政策投资银行于 2014 年共同成立了日本充电服务公司,主要针对政府财政无法普及的地方进行补贴,补贴内容主要分为两大块,分别是基础设施建设补贴和设备运营补贴,目的是配合政府提升基础设施建设水平。目前日本公共快速充电桩占比接近三分之一,车桩比约为 6.15∶1,充电基础设施建设处于世界较高水平(杨松,2021)(表 4.10)。

根据日本碳中和发展战略,以电池为首,构建世界领先的产业供应链和移动社会,将采取特别措施加速轻型汽车和商用车等向电动汽车和燃料电池汽车的转换;最晚到 2030 年中期,日本新车销售中,电动汽车普及率达到 100%。总体来说,由于汽车制造业减碳目标的实现需要能源、交通、工业生

表 4.10　日本近年来电动汽车的销售量统计信息(单位:辆)

	2016	2017	2018	2019	2020	2021
电动汽车	13 056	23 634	23 011	19 774	14 363	24 119
插电混合动力汽车	13 847	34 102	21 099	17 054	16 695	26 977
燃料电池车	1 204	661	603	707	1 545	1 997
混合动力汽车	1 337 497	1 382 436	1 457 538	1 436 579	1 380 306	1 407 598

资料来源:https://www.cev-pc.or.jp/tokei/hoyuudaisu.html.

产、材料、水与废水管理多个领域的协同,并涉及能源技术、材料技术、生物技术、信息技术、净化治污技术、环境监测技术等。日本基于自身在汽车低碳技术创新领域的先发优势,以日产汽车、松下、丰田等旗舰企业为核心,在电池、氢气和燃料电池、智能电网领域形成领先产业集群(表 4.11)。

表 4.11　全球汽车制造业低碳技术领先行为主体信息汇总

关键维度	区域分布	核心行为主体(占比)
电池	日本东京	日产汽车(8%)、索尼(8%)、NEC(7%)
	韩国首尔	三星(54%)、LG(11%)、现代汽车(5%)
	日本大阪	松下(45%)、GS Yuasa Corp.(9%)、丰田(5%)
	日本名古屋	丰田(57%)、Denso(9%)、日本株式会社(6%)
	韩国大田	三星(8%)、SK 集团(7%)
	德国斯图加特	罗伯特−博世(56%)、戴姆勒(9%)、MAHLE-Stiftung(6%)
氢气和燃料电池	日本东京	本田汽车(22%)、日产汽车(13%)、东芝(8%)
	韩国首尔	三星(37%)、现代汽车(25%)、KIST(4%)
	日本大阪	松下(45%)、住本电气(8%)、丰田(3%)
	日本名古屋	丰田(62%)、爱信精机(7%)、NGK(4%)
	韩国大田	LG(23%)、三星(19%)、KIST(12%)
	美国罗切斯特	Aptiv(7%)、德尔斐(6%)

续表

关键维度	区域分布	核心行为主体(占比)
智能电网	日本东京	东芝(14%)、NEC(12%)、三菱电机(12%)
	韩国首尔	三星(20%)、LG(15%)、明智大学(14%)
	中国北京	国家电网公司(21%)、清华大学(15%)、ABB(6%)

资料来源:European Patent Office, International Energy Agency(IEA). Patents and the energy transition[R]. 2021.

三、政策体系

为了进一步推动汽车制造业转型升级,日本重点从以下维度推进新能源汽车的研发和推广普及(表4.12):一是发展规划政策,诸如《日本复兴战略》《氢能及燃料电池战略路线图》《氢能源基本战略》《绿色成长战略》等,从国家顶层战略层面,变革汽车使用方式,在促进用户对电动汽车选择和利用的基础上,为实现可持续的移动服务、物流效率化和生产性提高,以促进自动驾驶、数字技术应用等技术在汽车制造行业中的渗透率,提出到2030年混合动力汽车新车销售占总销量的比重为30%—40%、纯电动汽车和插电式混合动力汽车占比为20%—30%、燃料电池汽车占比为3%、清洁柴油车占比为5%—10%。二是技术与能源限制性政策。强化电池、燃料电池、马

表4.12　日本汽车制造法规体系

维度	代表性法案及关键举措
发展规划政策	氢能和燃料电池汽车示范计划、新国家能源战略、汽车产业战略
技术与能源限制性政策	新能源汽车开发项目、环保汽车补贴
配套基础设施政策	世界能源网络、ECO-Station项目
推广与补助政策	绿色税制、2030年的能源战略、EV/PHV城市示范项目

达等电动汽车相关技术开发,以及建设供应链和价值链。支持大规模投资、技术开发、应用实验、轻型车和商用车等的电动化,探讨中小企业等供应商的商业转换和支持建设相关数字开发的基础设施。三是配套基础设施政策。推动电动汽车及相关基础设施配套措施,包括规制燃料费用、推进公共采购、扩充充电基础设施、促进换购等。四是推广与补助政策,如 2021 年推行了"CEV 导入补贴"限额规定政策。

需要特别指出的是,与欧洲、美国汽车制造业的发展策略不同,日本将发展氢燃料电池汽车作为重中之重,早在 2013 年丰田便正式发售 Mirai FCV,是全球推出的首个氢燃料电池汽车;2016 年,本田发布 Clarity。日本经济产业省发布《汽车产业战略 2014》中,明显提出将全球化、研发和人才、系统、产品作为四大核心策略,特别是伴随着《氢能/燃料电池战略发展路线图》的发布,其战略目标是到 2040 年氢能源车的保有量由目前的 2 000 辆增加到 300 万—600 万辆,同时车载电池单位输出功率增加 3 倍。截至 2020 年,上述两个车型在全球累计发售 12 679 辆,并建成 162 座加氢站,逐步奠定日本在全球氢能汽车领域的领导地位。

第四节 中国汽车制造业发展战略剖析

一、产业概况

与美国、日本、德国等汽车老牌制造强国相比,中国汽车制造业起步较晚,新中国第一辆汽车诞生于 1956 年。特别是步入 21 世纪以后,在人民生活水平提高、基础道路建设逐渐提升、全球汽车工业生产地转移和价值链重组的背景下,我国汽车产业迎来了发展的黄金时期,2000 年,我国汽车产业产量首次突破 200 万辆,达到了 207 万辆,仅用了 4 年的时间,2004 年,我国汽车产业产量已经达到了 570 万辆,2009 年产量首次突破千万辆关口,达到 1 379.53 万辆。尔后,伴随着新能源汽车产业机会窗口的到来,中国汽车产业,抢抓历史机遇进而实现跨越式发展。目前,中国已成为全球汽车制造业体系的重要组成部分,形成以下 38 个整车集团,并对应 141 个生产基地及工厂(表 4.13)。

表 4.13　中国整车集团及生产基地汇总信息

整车集团		工厂及生产基地
上汽	上汽乘用车	南京浦口基地、宁德基地、上海临港基地、郑州基地
	上汽大众	上海安亭一厂、南京工厂、上海安亭新能源工厂
	上汽通用	浦东金桥基地、武汉江夏基地
	上汽通用五菱	柳州宝骏基地、青岛基地、重庆基地
	上汽大通	无锡基地
长安	长安汽车	北京工厂、合肥长安、南京长安、南京江苏新能源基地、重庆鱼嘴工厂、重庆渝北工厂、河北长安
	长安福特	重庆基地、杭州基地、哈尔滨基地
江铃	江铃新能源	南昌基地、昆明基地、富山基地
一汽	一汽大众	华北天津基地、华东青岛基地、华南佛山基地、东北长春基地
	一汽丰田	天津泰达工厂
	一汽轿车	长春工厂
	一汽吉林	吉林工厂
	一汽集团	红旗工厂
广汽	广汽传祺	广州番禺工厂、杭州工厂、宜昌工厂
	广汽本田	广州工厂
	广汽新能源	番禺智能生态工厂
	广汽丰田	广州工厂
	广汽三菱	长沙工厂
	广汽菲克	长沙工厂、番禺工厂

续表

整车集团		工厂及生产基地
东风	东风本田	武汉工厂
	东风乘用车	武汉云峰项目工厂、武汉工厂
	东风雷诺	武汉工厂
	东风柳汽	柳州基地
	郑州日产	郑州基地
	东风日产	广州花都基地
	东风裕隆	萧山基地
	东风悦达起亚	盐城第一工厂
吉利	吉利	成都基地、贵阳基地、杭州大江东新能源基地、湖州长兴基地、晋中基地、临海基地、梅山基地、宁波春晓基地、宁波慈溪基地、湘潭基地、张家口基地、西安基地
	沃尔沃	大庆基地
奇瑞	奇瑞新能源	安徽合肥基地、安徽芜湖基地、山东齐河基地、石家庄基地、宜宾基地
	观致汽车	常熟基地
长城	长城	保定基地、平湖基地
	长城宝马	张家港光束工厂
江淮	江淮汽车	安庆工厂、合肥工厂、武汉工厂
	江淮大众	合肥工厂
比亚迪	比亚迪	湖南长沙基地、深圳坪山基地、西安基地、常州基地
	腾势汽车	深圳基地
华晨	华晨宝马	沈阳大东工厂
	华晨雷诺	沈阳工厂
海马	郑州海马	郑州基地
	一汽海马	海口基地

续表

整车集团		工厂及生产基地
北汽	北汽新能源	北京采育基地、常州基地、黄烨基地、青岛莱西基地、重庆涪陵基地、高端智能生态工厂
	北京现代	北京工厂、沧州基地、重庆基地
	北京奔驰	北京工厂、奔驰高端新能源汽车生产基地
	昌河汽车	九江基地、景德镇基地
合众新能源		桐乡基地
长江汽车		杭州基地、贵阳基地、烟台基地
前途汽车		苏州基地
敏安汽车		淮安基地
金康新能源		重庆基地
国能新能源		上海基地、天津基地
云度新能源		莆田工厂
知豆电动		兰州基地、宁波基地、临沂基地、浦口基地
速达		三门峡基地
奇点汽车		铜陵基地、苏州相城基地
陆地方舟		佛山基地、如皋基地
小鹏汽车		肇庆基地、海马汽车郑州工厂
万向电动		萧山基地
电咖汽车		绍兴基地、东南汽车福州基地
零跑汽车		金华基地、长江汽车杭州代工厂
威马汽车		温州工厂、黄冈基地
蔚来汽车		合肥江淮蔚来基地
康迪电动		金华基地、上海基地、海南基地、如皋基地
国新新能源		亭湖基地
森源电动		许昌基地

续表

整车集团	工厂及生产基地
特斯拉	上海超级工厂
拜腾	南京工厂
众泰汽车	常州金坛基地、长沙基地、金华基地
东南汽车	福州基地

第一，中国汽车市场规模庞大，消费者对汽车的需求量持续增长，2009年，中国生产的汽车销量突破1 300万辆，超越美国成为全球最大的汽车市场。近年来，叠加中产阶层的崛起和城市化进程的推进，汽车市场扩张速度呈指数型增长，中国汽车制造业行业调查与前景趋势报告显示，中国在全球汽车制造业的市场份额已从2000年的3.5％提高到28.0％。2021年中国汽车产量2 608.2万辆，同比增长3.4％，结束了自2018年以来连续三年的下降的趋势；2022年汽车行业保持了恢复增长态势，产量稳中有增。2022年中国汽车产量2 702.1万辆，同比增长3.4％。

第二，供应链优势。中国具有庞大的汽车零部件制造和装配能力，形成了完整的汽车产业链，无论是上中下游哪个环节都出现了一大批有实力的企业。上游的原材料行业涉及钢铁、橡胶、塑料、电子元件、有色金属及玻璃等，代表企业有立讯精密、中天科技、长盈精密等原材料供应商；中游主要涉及发动机系统、传动系统、转向系统、行驶系统、汽车电子及车身附件等零部件制造，代表企业有宁德时代、福耀集团、海纳川等；下游则主要包括汽车零部件配件商及电商平台等。此外，2023年中国汽车零部件产业链市场规模分析表明，在"汽车制造业"中的"汽车零部件行业"中搜索"汽车零部件"，结果显示截至2023年1月，我国汽车零部件行业注册企业到达10万家，其中2022年为企业注册最多的年份，注册企业数量到达 12 995 家;宁德时代、华域汽车、潍柴动力、福耀玻璃等重点企业在盈利水平上处于第一梯队。

第三,出口布局不断加快,海外发展体系逐步构建。近年来,中国企业采取合资企业、自主品牌推广、海外工程建设、跨国并购、共用技术定制化开发等多种方式向海外拓展,海外布局和全球影响力逐步拓展。根据乘联会数据显示,2023 年底中国汽车出口量将达到 400 万辆,很有可能全面超越日本,成为 2023 年全球最大的汽车出口国,2022 年中国已经超越德国成为全球第二大汽车出口国(图 4.7)。

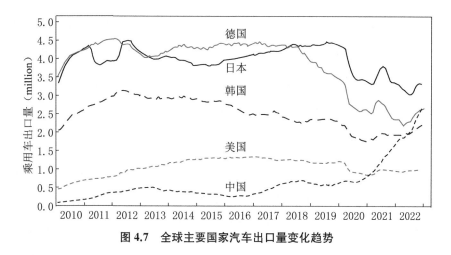

图 4.7　全球主要国家汽车出口量变化趋势

资料来源:侯秋芸:《超越日本,全球第一?》,华尔街见闻,2023 年 6 月 7 日,https://mp.weixin.qq.com/s/_WywwUzKCxJ6DzD0YfvaLA。

二、新能源汽车

中国汽车品牌在过去多为低端车型,近年来逐步以高端车切入市场,在产品外观质量、内在技术品质、市场营销能力等方面都能满足全球多样化市场需求,尤其是新能源汽车表现更为出色。中国汽车工业协会最新统计显示,2022 年中国新能源汽车持续爆发式增长,产销分别完成 705.8 万辆和 688.7 万辆,同比分别增长 96.9％和 93.4％,连续 8 年保持全球第一,市场规模全球领先(图 4.8)。

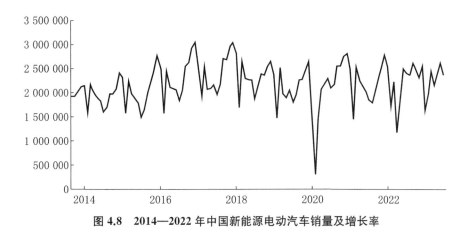

图 4.8　2014—2022 年中国新能源电动汽车销量及增长率

资料来源:Trading Economics,中国—汽车总销量,2023 年 9 月,https://zh.tradingeconomics. com/china/total-vehicle-sales#calendar-table。

从企业核心研发技术和低碳化转型表现来看,上汽集团在业内最具有核心竞争力,比亚迪汽车在产品脱碳、企业低碳化转型、碳排放数据披露方面排名最高,且刀片电池、DM-i 混动等技术方面领先优势明显(表 4.14)。按照企业集团销量来看,排名前十名的企业分别为上汽(519.2 万辆)、一汽(320.4 万辆)、东风(291.9 万辆)、广汽(243.5 万辆)、长安(234.6 万辆)、比亚迪(186.9 万辆)、北汽(145.3 万辆)、吉利(143.3 万辆)、奇瑞(123 万辆)和长城(106.8 万辆),占全国市场份额的 86.2％。在电池和电动汽车指数方面均具有优异的表现,如:宁德时代(CATL)是全球领先的锂离子电池制造商之一,它在电池能量密度、寿命和安全性方面取得了显著进展;比亚迪(BYD)电动汽车配备了自动驾驶辅助系统,可以实现自动泊车、自适应巡航和车道保持等功能;蔚来推出了自主研发的高功率快速充电桩,能够实现车辆在短时间内充电至80%以上的电量。

表 4.14　中国主要汽车企业核心技术与低碳化转型对比分析

公司	核心技术	低碳化转型表现			备　注
		产品脱碳	企业低碳转型	碳排放数据披露	
比亚迪	刀片电池、DM-i混动	64	4	4	业务范围较广、新能源技术领先全国、对外出口商用车和专用车
长城	双电机混动混联技术、智能技术	38	4	4	销量较多、主营产品类型较多
上汽	双电、智能驾驶	31	0	1	高销量、主营产业类型多、核心技术较强
吉利	混动技术	13	9	8	核心技术强、研发投入较多
北汽	动力总成、辅助驾驶	16	7	0	主营产品类型多、销量中上、辅助驾驶为关键
奇瑞	超级混动技术、全集成油/电/氢混合动力系统	21	0	0	主营产品类别多、销量中上
广汽	动力总成	11	5	4	业务范围广、投入研发水平较高
长安	高压直喷发动机	13	4	0	销量较多、主营产品类型较多
东风	车身轻量化、LCV技术、自动驾驶	5	2	4	销量较多、主营产品类型较多
一汽	轻量化、动力化、智能化、网联化	3	4	1	主营产品类型较多、销量中上、智能/网联为关键

资料来源:根据中国主要汽车集团低碳化转型表现、2022年中国汽车整车制造行业全景图谱汇总。

但是，需要指出的是，在可持续汽车制造及技术方面，中国企业仅在电池回收和再利用技术方面表现突出，其他维度与特斯拉和宝马等领先企业相比，差距明显（表 4.15）。

表 4.15　全球汽车制造企业技术指标评级

	能耗 （0—100）	充电速度 （0—100）	续驶里程 （0—100）	可再生 能源 （0—100）	电池回收/ 再利用 （0—100）	维度评分 （0—100）	
特斯拉	100	100	100	0	100	80	领先 企业
宝马	72	52	76	100	92	78	
大众	60	51	82	75	49	63	
现代-起亚	32	75	73	11	100	58	
比亚迪	74	38	73	0	100	57	
福特	26	49	95	14	91	55	正常 转型 企业
梅赛德斯-奔驰	55	41	73	50	43	53	
通用	53	31	78	0	99	52	
吉利	45	32	68	9	100	51	
丰田	43	35	70	6	59	43	
塔塔	87	3	21	6	87	41	
长城	55	15	30	0	100	40	
斯特兰蒂斯	28	36	28	0	98	38	
雷诺	49	13	32	0	90	37	
本田	51	26	52	0	32	32	转型 滞后 企业
上汽	49	0	0	0	90	28	
日产	19	12	29	0	31	18	
长安	18	45	4	19	0	13	

资料来源：国际清洁交通委员会（ICCT）：《全球汽车制造企业评级—2022 谁是电动化转型的领先者？》，2023 年 5 月 31 日。

此外,充电基础设施逐步完善,公共领域充电网络建设逐步推进。截至2021年11月,中国充电联盟内成员单位累计建设公共充电桩接近100万台,私人专属桩达130万台;中国公共充电设施规模占比接近全球60%,公共快充设施占比达到全球50%,月度充换电电量跃上15亿度台阶,预计全年将超过130亿度;中国高速城际快充设施总数量已经超过1万余台,高速公路覆盖率已超过35%,覆盖省级行政区27个,京津冀、长三角、珠三角重点区域高速已经实现全面覆盖。

三、政策体系

不可否认的是,以新能源汽车为代表的汽车制造业已上升至国家战略的高度,国家层面的各种规范性法规文件、规划和技术引导支持类政策层出不穷,诸如:以补贴、专项资金、税收减免等方式鼓励居民的汽车消费、新能源汽车产业发展规划、区域间(国内、国外)协同创新体系、战略性技术环节研发及汽车产业链上的补足、增强等方面。根据《新能源汽车产业发展规划(2021—2035年)》,重点任务包括:(1)提高技术创新能力,坚持整车和零部件并重,强化整车的集成技术创新,提升动力电池、新一代车用电机等关键部件的产业基础能力,推动电动化与网联化、智能化并行发展;(2)构建新型产业生态,要以生态主导型企业为龙头,加快车用操作系统的开发应用,建设动力电池高效循环利用体系,强化质量安全保障,推动形成互融共生、分工合作、利益共享的新型产业生态体系;(3)推动产业融合发展,推动新能源汽车与能源、交通、信息通信深度融合,促进能源消费结构优化、交通体系和城市智能化水平提升,构建产业协同发展的新格局;(4)完善基础设施体系,要加快推动充换电、加氢、信息通信与道路交通等基础设施建设,提升互联互通水平,同时还要鼓励"换电"等商业模式创新,营造良好的使用环境;

(5)深化开放合作,进一步践行开放融通、互利共赢的合作观,深化研发设计、贸易投资、标准法规等领域的开放合作,积极参与国际竞争,培育新能源汽车的产业发展新优势(表 4.16)。

表 4.16　中国新能源汽车主要政策体系

维　度	典型政策
顶层设计	新能源汽车产业发展规划(2021—2035 年)
标准法规	国六排放标准、道路车辆温室气体管理通用要求、电动汽车安全要求、电动汽车用动力蓄电池安全要求、道路车辆先进驾驶辅助系统(ADAS)术语及定义、汽车驾驶自动化分级、商用车辆车道保持辅助系统性能要求及实验方法
双积分管理	关于修改乘用车企业平均燃料消耗量与新能源汽车积分并行管理办法的决定
财税政策	延长新能源汽车购置补贴和车辆购置税、关于促进消费扩容提质加快形成强大国内市场的实施意见、关于稳定和扩大汽车消费若干措施的通知、绿色出行创建行动方案
推广应用	关于开展新能源汽车下乡活动的通知、关于开展燃料电池汽车示范应用的通知、智能网联汽车道路测试与示范应用管理规范(试行)

资料来源:工业和信息化部装备工业一司:《中国汽车产业发展年报》,2021 年。

与此同时,国内各个省、自治区、直辖市也结合自身汽车制造业的实际情况,出台了各具特色的配套体系(表 4.17),具有以下特点:(1)北京、上海和广东等先发地区已经开始部署氢燃料电池汽车的研发,辽宁、江苏等汽车制造业优势地区则基于新能源汽车产业集群的打造完善产业链配套环节,其他地区则处于促进汽车消费和充电基础设施建设阶段;(2)部分省份通过引进/产业链合作等方式,拓展与境外地区合作,进而打造全球—地方多空间创新网络,诸如:华北和东北地区与日韩、华南与东盟等。

表 4.17 "十四五"期间中国各省区市汽车产业政策特点解读

省市	汽车产业政策特点
北京	稳固自身传统汽车龙头地位的同时,寻求新能源和智能汽车转型
天津	响应国家发展新能源汽车号召,积极布局汽车物流产业
河北	重点推动新能源专用车、商用车、报废汽车拆解利用,部署新能源汽车零部件产业的发展。在此基础上,推动氢燃料电池汽车的研发
山西	支持长治和晋城发展氢燃料电池汽车产业,并促进租赁行业的发展,支持与日韩汽车产业链上的合作
内蒙古	以呼包鄂城市群为中心,培育发展新能源重卡汽车行业及全产业链的发展
辽宁	在传统汽车和零部件产业的基础上,加强与日韩汽车制造业的合作,率先布局一批汽车智能工厂、车间和生产线
吉林	推动本土龙头汽车制造企业转型升级,并积极部署与德国、奥地利、美国汽车制造企业的合作
黑龙江	聚焦于汽车产业的配套能力
上海	全面发展,技术功能方向包括车规级芯片、车用操作系统、新型电子电气架构
江苏	加大汽车在下沉市场领域的推广及更新换代
浙江	车联网的相关规范,并研定汽车全生命周期的管理方案
安徽	汽车及零部件高端化发展
福建	重点推动5G产业和车联网联动
江西	培育汽车及零部件产业集群
山东	补齐乘用车短板,搭建用户个性化需求管理与定制服务平台
河南	新能源汽车新增生产项目不设置前提条件,建设全省统一的智能网联汽车云控平台
湖南	供应链配套发展五年行动计划
湖北	汽车产业集群,智能北斗技术创新
广东	扩大高端车型比例,优化汽车产业区域布局,建设国家氢燃料电池汽车推广示范城市
广西	鼓励区块链技术与充电基础设施集合,开展与东盟国家的创新合作,"八桂充"平台

省市	汽车产业政策特点
四川	汽车文化产业园,加快智能网联汽车、车联网标准及测试验证示范点的建设
贵州	专利导航工程
云南	绿色工厂
陕西	汽车供应链平台体系
甘肃	促进汽车消费,并推进充电基础设施建设
青海	鼓励汽车消费和换代,加快充电基础设施建设
宁夏	鼓励和推广新能源车险,培育氢能燃料电池汽车
海南	智能汽车道路测试和示范应用
重庆	为汽车类项目预留工业用地,智能汽车企业优惠支持政策

资料来源:前瞻研究院:《2022 年中国 31 省市汽车产业政策汇总及解读》,2022 年 9 月 20 日。

第五节　全球汽车制造业战略的对比

一、个性特征

2021—2025 年全球新能源车渗透率将大幅提高,销量复合增长率有望达 30%。从保有量来看,根据国际能源署(IEA)分析,到 2030 年,全球新能源汽车保有量将达到 1.3 亿辆。世界主要经济体相继出台了中长期发展规划及新能源汽车刺激政策,促进新能源汽车产业链市场发展和技术提升。不同国家的产业战略路线是有差异的,如英国、芬兰和瑞典是以混合动力汽车(PHEV)为主的替代路线,中国、美国、德国、韩国、挪威和荷兰等,则是以纯电动汽车(BEV)为主。美欧正在将发展新能源汽车产业升级为国家战略,旨在掌握关键零部件生产和技术研发,减少对外依赖,建立本土化供应链。

美国拜登政府正在加大政策支持,将发展新能源汽车产业升级为国家战略。美国白宫官网于 2021 年发布公告,拜登签署了"加强美国在清洁汽车领域领导地位"行政命令,设定了美国到 2030 年零碳排放汽车销量达 50% 的重大目标,并联合通用、福特和斯特兰蒂斯等美国主要车企发布联合申明,希望在 2030 年美国电动汽车渗透率达到 40%—50%,确保美国汽车行业在全球的领先地位。行政令特别明确了零排放汽车的内涵,除传统纯电动汽车(BEV)、插电式混合动力汽车(PHEV)外首次强调了氢燃料汽车(FCEV)。同时提出,燃油车平均油耗需要在 2026 年由目前的每加仑汽油行驶 43.3 英里提高至 52 英里。此次白宫声明旨在制定更加严格的燃油效率和排放标准,倒逼新能源汽车需求,是美国将发展新能源汽车产业设定为其国家战略的标志。

欧盟委员会颁布了"欧洲绿色协议",希望能够在 2050 年前实现欧洲地区的"碳中和",通过利用清洁能源、发展循环经济、抑制气候变暖,恢复生物多样性、减少污染等措施提高资源利用效率,实现经济可持续发展。其中也包括交通部门的碳减排等各种内容,逐步淘汰内燃机汽车和扩大电动汽车。欧盟正式实施史上最严苛的碳排放法规,过渡期仅一年,无法达标的企业将面临巨额罚款。到 2025 年、2030 年目标排放量将比 2021 年分别降低 15% 和 37.5%。欧洲车企只能通过新能源汽车或者低排放汽车来满足新的标准。

在战略规划方面,日本经济产业省 2010 年发布《新一代汽车战略 2010》,支持新一代汽车(BEV/PHEV/HEV/FCV 和清洁柴油汽车等)推广普及,提出到 2030 年混合动力汽车新车销售占总销量的比重为 30%—40%、纯电动汽车和插电式混合动力汽车占比为 20%—30%、燃料电池汽车占比为3%、清洁柴油车占比为5%—10%。2014年,经济产业省发布《汽车产业战略2014》,提出全球化、研发和人才、系统、产品四大战略;同年,日本政府明确提出加速建设"氢能社会"的战略方向,并发布《氢能/燃料电池战略发展路线图》,提出"三步走"战略并提供研发、示范和补贴等优惠政策。面向2050年,日本提出 xEV(BEV/PHEV/HEV/FCV)战略,推进全球日系车 xEV 化以实现从油井到车轮的零排放,围绕促进开放性创新、积极参与国际协调、确立社会系统等方面做出具体部署。

同时,各国也在积极布局燃料电池汽车,特别是氢燃料电池汽车。当前,燃料电池汽车正处于由技术研发向商业化推广的过渡阶段。美国、欧盟分别提出到2030年推广氢燃料电池汽车530万辆和424万辆,韩国计划到2040年累计生产620万辆,日本计划在2040年燃料电池汽车保有量达到300万至600万辆。

总体来说,全球不同国家和地区汽车制造业的转型升级和低碳化改变呈现出相对不同的趋势和特点(表4.18)。具体来说,中国相关政策出台时间较晚,主要驱动力源于政府的前瞻性规划与能源、汽车专家的技术论证,市场在促进该产业发展方面的作用较小;就美国来看,主要通过《美国未来

表 4.18 各国新能源汽车政策模式

国家	政策模式	内　涵
中国	政府规划型	政府规划主导产业发展
美国	市场培育型	培育市场带动产业发展
德国	技术引导型	先进技术引导产业发展
日本	创新驱动型	创新活动驱动产业发展

资料来源:邓立治、刘建锋《美日新能源汽车产业扶持政策比较及启示》,《技术经济与管理研究》2014年第6期,第77—82页。

能源保证法案》《美国电动充电器减税优惠政策》等推广与补助政策,刺激消费市场带动汽车产业的发展;日本则主要通过汽车相关核心技术的攻克,抢占技术制高点,进而稳固日本在汽车工业方面的传统优势;与日本的发展战略类似,德国政府对新能源汽车技术路线、车辆驱动技术、车用新材料等均有一定程度的扶持,意图打造新能源汽车的国际品牌与技术标准,旨在通过产品技术创新占领国内外市场,带动该产业发展,属于创新驱动型战略。

二、共性特征

汽车产业必须解决能源、污染、安全和拥堵这四大全球公认的汽车公害,低碳化、信息化与智能化已被认为是汽车制造业的最终解决方案。以美德为代表的汽车制造业强国,均已提出汽车低碳化、电动化、智能化的发展目标,并通过加强技术创新、跨产业协同融合等规划,加快推动实现汽车产业在新一代信息技术、清洁能源技术发展大背景下的转型和变革(表4.19)。

表 4.19   全球主要国家汽车制造业转型升级的通用之法

维　度	措　施	关键抓手
交通运输部门低碳化	充电基础设施	激发私有资本参与建设;量身定制融资方案;推广在线信息平台及应用程序,以增加透明度
	电池技术	集群资助计划;电池和电池片产品生产的试点项目
	氢气和合成燃料技术	加氢站网络;水电解研发;市场监管措施
联网、自动驾驶、共享交通	路线规划	中央集成平台;扩大对互联和自动驾驶研发项目的财政支持
	数字基础设施和数据标准	扩张"智能"基础设施;对数字基础设施发展中的资金使用情况进行持续监测及评估
	自动驾驶	继续推动自动驾驶功能的测试,逐步扩大部署半径;统一标准,简化审批程序;自动驾驶交流与协调平台

续表

维　度	措　施	关键抓手
电力市场	部门耦合：车辆到电网的解决方案	创造监管条件和筹资手段，制定可销售的标准和产品
	电网	充电设施可控，考虑将电动车作为高效电力市场和电网运行的要素之一；确保大功率充电设施至少连接至中压电网；支持电网兼容
区域政策和劳动力市场	再培训以保障就业能力	推行"转型短时津贴"；在线门户网站实现职业再培训；适时调整学术和职业培训的教学内容
	高层级人才	有针对性地招聘海外高素质专业人员
	区域政策	前瞻性地制定结构性变化政策，减缓社会负面效果；促进中小企业发展

（一）交通运输部门低碳化

主要包括以下关键措施：激发私有资本参与，建设低碳（充电）电力、智能和高性能的电网以及乘用车和商用车的综合充电基础设施；集群资助计划，对关键技术进行有针对性的投资，如电池、氢气、电子燃料和半导体、软件和人工智能；电力、氢气及合成燃料相关技术研发，加快合成燃料和氢气技术推向市场的速度。

（二）联网、自动驾驶、共享交通

主要包括以下关键措施：不断丰富低碳/零碳汽车产品的应用场景，并增加绿色交通的使用强度，注重运行效率的提升；继续推动自动驾驶功能测试，逐步扩大部署半径；增加电动车的数量，促进生产、充电和加油基础设施的发展；数字创新优化交通系统，减少交通堵塞，打造可持续的绿色交通系统；制定统一的技术标准；共享数据空间，不仅在交通领域，还包括所有相关领域，特别是交通控制、充电基础设施、在线服务、支付功能等方面；建设高效、自主、可靠和安全的数字基础设施（宽带扩展、移动通信）。

（三）电力市场

主要包括以下关键措施：能源结构优化，清洁能源比重加大，谋求全价值链能源供给向可再生能源转化；加强汽车工业竞争力和创新能力的工业政策，并提高对外商投资的吸引力；打造具有竞争力的能源价格，减少能源密集型产业外迁的风险；出台鼓励应用研究、创新和创业相关的基金；创造监管条件和筹资手段，制定可销售的标准和产品，对资金使用情况进行持续监测及评估。

（四）区域政策和劳动力市场

主要包括以下关键措施：从生产到车辆使用到回收阶段，打造技术、原材料、能源的相对均衡体系；以可持续的方式塑造流动的经济框架，兼顾消费者及弱势群体利益，决不能将任何人排除在外；加强人才培养，适时调整学术和职业培训的教学内容，确保对专业技术工人的需求；推行各种津贴、补助措施，前瞻性地制定结构性变化政策，减缓社会负面效果。

第五章
全球新兴高科技企业的关键策略研究

当前,一场颠覆性的全球大变革正在形成,以数字化、汽车互联、汽车电气化、自动驾驶和车辆共享为代表的新趋势推动整个行业不断突破,汽车行业的竞争结构正在发生根本性的转变,这种转变正在导致一场动荡,全新的参与者正在进入并改变竞争环境。"软件正在吞噬世界,而汽车是下一个菜单"。以特斯拉和优步为代表的新兴高科技企业促使传统汽车制造商加大技术投入和转型步伐,推动整个行业向电动化、智能化和共享化方向发展。

第一节 特斯拉集团

一、起源与发展概况

按照时间线,整理特斯拉的发展历程如下:(1)集团由马丁·艾伯哈德(Martin Eberhard)和马克·塔彭宁(Marc Tarpenning)于 2003 年共同创立,名为 Tesla Motors,取名自电力系统和无线通信领域的先驱之一尼古拉·特斯拉(Nikola Tesla),初衷是推动电动汽车技术的发展,打造高性能、环保和可持续的电动汽车,以减少传统燃油车辆对环境的影响;(2)2004

年,埃隆·马斯克(Elon Musk)出资特斯拉,并成为公司的执行主席,特斯拉开始转变为一家全面推动电动车技术和可持续能源发展的公司;(3)2008年2月,第一辆Roadster交付,它采用了先进的锂离子电池技术,具有较长的续航里程和出色的性能,成为世界上首款量产的电动跑车,同年新车型Model S发布;(4)2009年戴姆勒入股,美国能源部将4.65亿美元高额低息贷款批准给特斯拉,次年上市,并在同年聘用苹果公司零售副总裁乔治·布兰肯希普(George Blankenship);(5)2012年,特斯拉内华达超级工厂建立,Model S首车交付,先后推出了一系列的电动车型,包括Model X、Model 3和Model Y,但是一直处于亏损状态;(6)受益于Model 3的交付量增加和成本控制的改善,2018年后特斯拉实现盈利;(7)特斯拉加速扩张和投资,在纽约、上海、柏林等全球城市布局超级工厂,其中加州工厂负责全线汽车产品生产,上海工厂和柏林工厂则负责Model 3/Y的生产。

2022年,中国、欧洲成为特斯拉除美国外的两大重要市场,创造了814.6亿美元的收入,汽车销售额最高,达到714.6亿美元,占比82.5%,服务占比7.48%、能源供给和存储占比4.8%。

总体来说,特斯拉在本质上是一家数据驱动型公司,被认为是在工业环境中建立科技公司的成功范本,打破了汽车作为成品交付的既定观念,马斯克和他的特斯拉被认为是美国百年汽车产业发展的历史中最重要的两个人物和公司之一,另一个是1925年沃尔特创立的克莱斯勒汽车(Hamish,2018)。特斯拉的独特之处在于:它是通过定义软件,在硬件上开发软件来生产汽车,Frank Thelen(2020)将特斯拉描述为一家"软件优先"的公司,并提出了"软件正在侵蚀传统工业部门"的论调;优势主要在于它能获得海量的数据,通过收集、分类,永久地供自动驾驶平台SoC使用和运行,自研产品集中在EEA架构、芯片、一体化压铸、自动驾驶、软件服务等方面(表5.1)。

表 5.1　特斯拉核心竞争力一览

技　术	构　成	策略能级
动力电池及 BMS 技术	电芯设计、制造工艺、硅负极材料、正极材料、一体化设计	部分自研,降本增效
EEA 架构	域集中式电子电气架构	自研,大幅领先且大多车企处于分布阶段
芯片	FSD 芯片	自研,量产车型领先,硬件平台快速迭代
一体化压铸	后底板、下车体	自研,大幅提高生产效率
自动驾驶	数据、算力、算法	自研,数据积累量大、算力领先、Dojo 训练算法
软件服务	增值服务	自研,引领行业,提升客户体验

资料来源:林子健:《掘金十万亿汽车零部件大市场(一):特斯拉周期和自主崛起双轮驱动,国产零部件迎来发展的黄金时代》,华福证券,2021 年 12 月 6 日。

二、核心策略

根据 Master Plan Part Deux 行动计划,特斯拉未来的发展方向包括扩大产品线、推进全自动驾驶技术、发展太阳能和储能技术,以及推动共享出行模式(表 5.2),旨在推动可持续能源和交通的发展,并实现使特斯拉成为综合能源解决方案提供商的目标。

表 5.2　特斯拉行动策略及主要目标

方　向	目　标
电动半卡车和公共交通工具	扩大特斯拉新能源汽车产品线至所有主要细分市场
全自动驾驶	积极开发无人驾驶技术,通过大规模车队实现快速迭代
太阳能	制造太阳能屋顶并整合储能电池
共享分时租赁	通过特斯拉网络共享平台,实现特斯拉车主将他们的车辆共享给其他人使用,从而最大化电动车的利用率

（一）集团未来战略布局：SpaceX ＋ Tesla ＋ SolarCity

除了电动汽车，特斯拉还在可再生能源和储能领域进行积极探索和发展，通过整合太阳能、电池储能和电动车辆的技术，建立一个完整的可再生能源生态系统。具体来说：（1）太阳能产品，通过收购太阳能公司 SolarCity，进一步加强了在太阳能领域的实力；推出了太阳能屋顶瓦片（Solar Roof），这是一种以太阳能电池板融入屋顶瓦片的创新产品，可以将太阳能转化为电力并供应给家庭使用。太阳能屋顶瓦片不仅具有美观性，还具有高效的能源转换率。（2）多款储能产品，其中最知名的是 Powerwall，利用锂离子电池储存电能，可以将太阳能或电网供电的电力储存起来，并在需要时供应给家庭使用，Powerwall 不仅可以提供应急备用电力，还可以实现电力负荷的平衡和优化，使家庭能源使用更加高效和可持续。（3）Megapack，是一种大规模商业和工业储能解决方案和高容量储能系统，可用于平衡电力网的负荷、储存可再生能源、提供备用电力等。（4）超级充电站，在全球范围内建设大量的超级充电站网络，这些充电站使用太阳能和储能技术，为特斯拉车辆提供快速充电服务。这些充电站不仅减少了对传统能源的依赖，还提供了便利的充电设施，促进了电动车的普及和使用。（5）新近特斯拉推出了另一款以"Cybertruck"为名的全新力作，被认为引领了电动卡车发展的新方向，具有跨时代的意义，其关键特征在于在全尺寸的皮卡上采用承载式车身，有效提高了车身的安全性；并开创性地利用车顶光伏，基于无感知补能两个特点，维持电池低温管理，降低整车热管理系统所需耗电，显著改善车辆长时间停止所导致的锂电池掉电现象。

（二）电动化：掌握三电核心技术，电芯走向自研自产

第一，从生产制造角度来看，特斯拉一步步垂直整合，解决全球化布局中核心三电成本高、产能不足的问题，其中电池领域垂直整合程度最为明

显。具体来说,在早期阶段,特斯拉在很大程度上依赖于外部合作伙伴的参与,通过与成熟的公司合作,降低开发成本的同时,向合作伙伴学习;特斯拉从一开始就以模块化的方式设计其与合作伙伴的关系,防止因过度依赖某一个技术伙伴而出现技术锁定;尔后,特别是在当前广受市场好评的 Model S 车型上,特斯拉自行设计和制造的部件数量大幅增加,特斯拉在其他核心系统(如新能源系统)上也采用了高度自研的解决方案。诸如:三电部件中,电芯逐渐由特斯拉＋松下联合研发的方案向自研正负极制造工艺转变;电机从特斯拉＋富田联合研发向自研新一代永磁同步开关电机转变(栗晓云等,2023);而电控与 BMS 部分则一直是特斯拉核心掌握的关键技术;座椅、车机系统等传统主机厂纷纷外采的系统部件,特斯拉对其也实现了自研自产。此外,特斯拉早期对外采购 Mobileye EyeQ3 芯片,之后由于 Mobileye 开发节奏跟不上而采用高算力 NVIDIA 芯片平台,近年来也逐渐实现了全自动驾驶芯片的自行研发(图 5.1)。

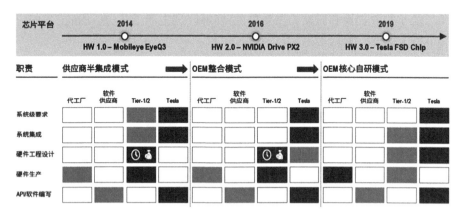

图 5.1　特斯拉芯片平台的发展过程

资料来源:阿宝:《自动驾驶主流芯片及平台架构(二)特斯拉自动驾驶芯片平台介绍》,阿宝1990,2021 年 7 月。

第二,组建了网络安全专家团队。特斯拉依赖公共云中的 IT 基础设施和数据中心的结合,免受网络攻击是生产战略的一个重要环节,进而组建了网络安全专家团队,他们负责对特斯拉的软件、系统和网络进行全面的安全评估和测试,以发现并修复潜在的漏洞和安全风险。此外,特斯拉还积极与安全研究人员和黑客社区合作,鼓励他们发现并报告潜在的安全问题。特斯拉设立了漏洞赏金计划,为那些能够发现并报告有效漏洞的研究人员提供奖励。这种合作模式有助于特斯拉及时识别和修复潜在的安全漏洞,保护车辆和用户的安全。最后,特斯拉还通过定期的软件更新和远程修复机制来保持其车辆系统的安全性。它可以通过无线网络向车辆推送安全补丁和软件更新,以修复已知漏洞并增强系统的防护能力。这种远程修复的能力使得特斯拉能够快速响应安全问题,并确保车辆始终处于最新的安全状态。

第三,全球工厂是特斯拉战略的重要组成部分(表 5.3),旨在满足不同市场的需求,提高生产能力,并缩短交付时间。更为重要的是,特斯拉全球工厂还承担着创新和研发的重要角色,能够改进生产工艺、推动新技术的应用,并实现更高水平的产品质量和性能。

表 5.3　特斯拉全球工厂的信息汇总

工厂名称	地　点	时　间	主要职责	产能规划
Fremont 制造工厂	美国加州	2010 年收购并改造	生产制造 Model S/X/3/Y	Model X/S 9 万辆/年 Model 3/Y 50 万辆/年
Gigafactory 1	美国内华达州	2014 年 6 月	生产制造动力电池、Powerwall 和 Powerback	N/Λ
Gigafactory 2	美国纽约州	2016 年收购 SolarCity 获得	生产制造太阳能电池板 Solar Roof	N/A

续表

工厂名称	地　点	时　间	主要职责	产能规划
Gigafactory 3	中国上海	2019 年 1 月	生产制造 Model 3/Y	25 万辆/年
Tilburg 组装工厂	欧洲荷兰	2013 年 8 月	组装 Model S/X	N/A
Gigafactory 4	德国柏林	2020 年 5 月	生产制造 Model 3/Y	首期实现每年 50 万;最终达到每 年 100 万
奥斯汀工厂	美国得州	2020 年 7 月	生产 3/Y/ Cybertruck/semi	首期实现每年 10 万;最终达到每 年 50 万

资料来源:任泽平:《特斯拉研究报告二:新科技综合体崛起》,恒大研究院,2020 年 12 月 4 日。

(三) 建立永久性客户关系

特斯拉延伸并从根本上修改了汽车的产品定义,创造了一种全新的价值主张,并基于对驾驶数据的分析,使得特斯拉有机会与客户建立持续的关系。具体来说:第一,特斯拉车载系统(Tesla Vehicle Infotainment System),通常被称为特斯拉的车载娱乐系统,内置了一系列的功能和应用程序,以提供丰富的车内体验。这些内置应用程序包括导航系统、媒体播放器、互联网浏览器、音乐流媒体服务(如 Spotify 和 TuneIn)、通信工具(如电话和短信)等。此外,特斯拉还提供了一些特殊功能的应用程序,例如特斯拉应用(Tesla App),允许车主通过手机远程控制和监控车辆。第二,基于客户驾驶记录的车险,推出 UBI(usage-based-insurance,基于用户行为的保险)车险,其主要优势在于:一是其保险产品将在价格上比行业平均水平低20%—30%,由于新能源汽车的修复及理赔标准与传统燃油汽车有很大不同,保险公司受自身数据和经验积累限制等原因,对特斯拉汽车收取相对较高的保费;二是特斯拉了解个人客户和汽车的风险状况,根据车辆的使用时间、里程,驾驶者习惯等信息进行设计,针对不同车主给出个性化定价的新型车险产品。第三,自动驾驶车队 Robotaxi,与 Uber、滴滴、Lyft 相似,属于共享出行类别,主要区别在于特斯拉销售自行生产的汽车且车队使用时不需要驾驶员过多参与,即"无人版"共享出行。

（四）商业模式创新

与成熟老牌汽车公司相比,特斯拉的优势恰恰在于它可以在一张白纸上从头开始,不受任何技术或组织路径的约束。这种激进的方法使特斯拉在电子和软件方面采取了与老牌汽车公司完全不同的发展策略:根据新的生产方式和发展水平设计了一个与互联网相关的集中架构,通过适应归纳—迭代的操作方式,启动了一个持续的学习过程,培养了"超越竞争"的能力(Kim 等,2021)。

在商业模式方面,特斯拉采用垂直整合的商业模式,从电池生产到汽车制造和销售控制整个供应链,销售模式也与其品牌形象和创新形象相一致,进一步突出了特斯拉的独特性和创新精神。具体来说,第一,特斯拉的战略是首先进入高端市场,通过客户的支付溢价,推动价格下降后逐渐渗透到大众市场。第二,特斯拉不通过汽车经销商网络分销其产品,而是以直销模式＋线上订购＋展示厅网络相结合的方式,特斯拉没有传统意义上的经销商网络,而是通过自有的销售渠道与消费者直接进行交流和销售;消费者可以在网站上选择车型、配置和选项,然后下订单并支付订金,特斯拉将根据订单的时间和地区进行车辆生产和交付;在一些主要城市建立了特斯拉的销售展示中心(Tesla Stores),用于展示特斯拉车辆和提供购车咨询;最重要的广告人物是首席执行官本人,他定期通过推特向公众讲话(Perkins, G. and Murmann,2018)。第三,特斯拉对充电基础设施进行补贴,打造超级充电网络(Supercharger network)和目的地充电网络(Destination

Charging network)，前者支持快充，为那些长途行车的特斯拉用户提供便利；后者则是依托旅馆、餐厅、景点这样的行车目的地，为特斯拉用户提供分散化的电能补给，同样在特斯拉电动车基础设施中扮演重要角色。

专栏5.1　特斯拉宣布在中国大陆试点开放充电网络

2023年4月25日，特斯拉官方宣布，正式在中国大陆地区面向部分非特斯拉品牌新能源车辆试点开放充电站，进一步推动"充电网络开放试点计划"落地。

截至2023年4月底，特斯拉已经在中国大陆布局1600多座超级充电站、10000多个超级充电桩，以及700多座目的地充电站、2000多个目的地充电桩，覆盖了国内所有省会城市及直辖市。

特斯拉充电站向非特斯拉品牌的开放是一个讨论已久的话题，在中国此前一直没有开放。特斯拉全球副总裁陶琳表示："特斯拉尚未开放充电桩的原因主要是出于安全性的考虑。充电技术和车内电池管理系统需要保持匹配，也就是说只有特斯拉电动车在特斯拉的充电桩上的充电效率才能达到最高。"

特斯拉首席执行官(CEO)马斯克曾在推特上回应网友关注的特斯拉自建充电标准的问题时表示："特斯拉自建充电标准，是因为当时市场上还不存在任何标准，特斯拉是唯一一家拥有长距离续航能力的电动车企业。"

特斯拉方面称，现在希望使用特斯拉充电站的车主可以通过下载登录Tesla App(4.20.69或更高版本)查看附近开放的充电站信息，并为车辆进行补能。充电过程中，可以通过车辆或App实时查看充电状态。

资料来源：第一财经，https://www.stcn.com/article/detail/850886.html。

第二节　优步集团

一、起源与发展概况

优步(Uber)是一家总部位于美国的科技公司,按照时间线,其公司的发展历程包括:(1)由特拉维斯·卡兰尼克(Travis Kalanick)和加雷特·坎普(Garrett Camp)于 2009 年共同创立,在美国旧金山地区推出,称为"Uber-Cab",其初衷是通过手机应用程序连接乘客和司机,解决出租车叫车的问题;(2)2011 年,正式更名为 Uber,并在几年时间内迅速扩张到全球多个城市,通过与当地的司机合作,逐步进入不同国家和地区的市场,后来逐渐扩展到其他出行方式,包括优步共享(UberPool)、优步黑车(UberBlack)和优步快车(UberX)等;(3)2019 年,在美国纳斯达克交易所上市,并继续扩展其服务范围,包括食品外送服务(Uber Eats)和货运服务(Uber Freight)。优步的发展策略可以归结为:(1)前期通过补贴快速切入市场,形成规模效应;(2)中期借助多业务在供需两端产生协同;(3)逐步识别能力边界,聚焦于出行和外卖板块(图 5.2),不断优化配置、精细化运营业务,并降低成熟市场的补贴和退出部分新兴市场(中金研究,2021)。

优步在 2022 年产生了 310 亿美元的收入(图 5.3),按地区营收占比来看,北美地区收入比例超过 50%;其余区域中拉美地区占 10%,欧洲、中东和非洲地区占 21%,亚太地区占 12%。

二、核心策略

以优步为代表的 Lyft、Ola 乃至中国的滴滴,它们并不是在传统领域与

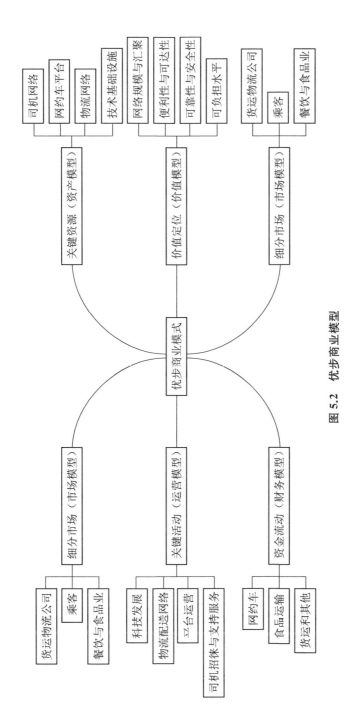

图 5.2　优步商业模型

资料来源:https://fourweekmba.com/de/ist-%C3%BCberaus-profitabel/.

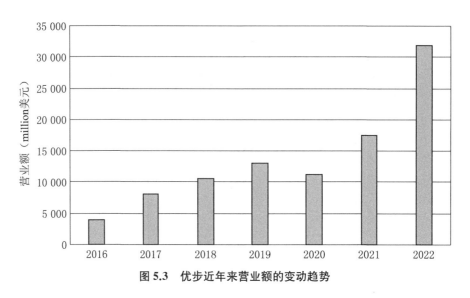

图 5.3 优步近年来营业额的变动趋势

资料来源:Daniel Pereirais. Uber Profitable[EB/OL]? The business model analyst,2023.03.16. https://businessmodelanalyst.com/is-uber-profitable/.

汽车公司竞争,而是将应用直接嵌入到移动互联网中,它们基于数字平台组织的移动性服务,通过这种全球社会层面的行动来重新组织城市交通的要素,希望将自己定位为"交通领域的亚马逊"。

(一) 投资开发关键新技术

第一,自动驾驶技术:成立 Uber ATG(高级技术组),并招募了约 50 名卡内基梅隆大学机器人专业的研究人员,在全球多个地方设有研发中心,聚焦于自动驾驶汽车和相关技术的研究和开发;收购自动驾驶技术公司,最著名的是 2016 年优步收购了自动驾驶卡车公司 Otto,并从中获得了自动驾驶技术和人才;在美国的匹兹堡、圣地亚哥和菲尼克斯等地进行的试点项目,以及在加拿大的多伦多等地进行自动驾驶车辆的测试;与奥迪、丰田、沃尔沃等汽车制造商以及自动驾驶技术公司如 Aurora、Nuro 和 Zoox 等进行合作,共同推进自动驾驶技术的研发和应用。

第二，飞行出行：通过"Uber Elevate"项目，旨在通过电动垂直起降飞行器（eVTOL），在城市之间提供快速、高效的飞行服务，以减少交通拥堵问题。项目计划在城市之间建立起降点（Skyports），乘客可通过 Uber 应用程序预订飞行器，并从一个 Skyport 起飞，直接飞往目的地的 Skyport。该项目已经与众多领域的知名公司取得了合作伙伴关系，其重要合作伙伴包括NASA、韩国的现代汽车公司等。但迫于盈利压力和战略调整，优步在 2020年将该项业务出售给 Joby，同时与之建立更深层次的战略合作。

第三，可动态扩展的 IT 基础设施：优步依赖大数据和人工智能技术来提供高效的配对和路线优化，乘客和司机的个性化体验、分布式 IT 基础设施运营和海量数据处理是优步的核心能力和主要优势，该基础设施立足于优步数据中心和云基础设施，以确保应用程序的可用性和可扩展性，特别是建立了自己的机器学习平台 Michelangelo，使优步的数据科学家和工程师能够快速开发、部署和管理机器学习模型。它提供了大规模分布式训练、特征工程、模型评估和实验管理等功能，以加速机器学习模型的开发和迭代过程。

（二）轻量级平台追寻网络效应

与其他同行相比，动态定价策略是优步最为关键的特征之一，用"高需求、高价格"的政策来鼓励司机接单以满足高峰时间的需求。此外，优步通过驾驶员评价系统（即评分系统）来记录车主与客户的互动，从而增加信任、安全和满意度。与此同时，优步开始涉猎饮食、健康、货运等领域。在交通拥堵解决方案方面，优步还可能投资于开发解决交通拥堵问题的新技术，例如智能交通管理系统、共享出行平台和城市规划工具，以改善城市交通流动性。

价格策略对于缓和市场极其重要。当需求在某个地区急剧上涨或等待时长增加时,费用会随之增加,高费用会将车辆分配给那些愿意支付的客户,即那些更有钱的客户,无法在高峰期等待或是不愿承担高价格的用户则会选择放弃,动态定价策略开始发挥作用,至少能在局部地区增加供给。

(三)携手应对气候变化

优步利用其创新、技术和人才,来应对气候变化,与非政府组织、倡议团体及环境司法组织合作,以推动清洁并且公平的能源转型;与众多专家、车辆制造商、充电网络提供商、电动车辆租赁车队及公共事业公司合作,优步"绿色未来"计划提供价值 8 亿美元的资源,帮助合作车主以经济实惠的价格获取环保车辆和使用充电基础设施,在 2025 年前过渡到纯电动车辆。此外,优步提出了"四步走"战略:2020 年,宣布打造零排放出行平台的全球承诺;2025 年,数十万名合作车主通过"绿色未来"计划过渡到电动车辆;2030 年,优步在加拿大、欧洲和美国作为零排放出行平台运营业务;2040 年,全球所有行程都采用零排放车辆或通过微出行和公共交通系统完成。

(四)通过信息空间重新组织流动性

优步的核心是提供"Movement"的价值:横向上,优步布局全球,业务快速铺开至全球 71 个国家,是全球最大的网约车和外卖平台(除中国外),在全球范围内连接约 1 亿个活跃用户、500 万个司机、60 万个餐厅。纵向上,优步拓展"移动"的价值,从出行业务出发逐渐拓展至外卖和货运业务,致力于在庞大而分散的运输市场建立用户与司机/餐厅的连接。

第六章
全球老牌汽车制造企业的关键策略研究

　　德国作为全球制造的中心,大众集团、宝马集团和戴姆勒集团是全球公认的老牌汽车制造企业。推进电动化、可再生能源的利用、循环经济是德国三大汽车巨头实现碳中和的共识,而前两项是共识中的共识。其中大众的纯电动路线最为激进,戴姆勒由于卡车与公共交通业务的存在,对于氢能源的技术开发与应用更具开拓性(表 6.1)。

表 6.1　德国三大车企碳中和战略计划

企　业	战略关键要点
戴姆勒股份公司	1. 乘用车业务:2018—2030 年 well-to-wheel 碳排放减少 40%;2039 年实现轿车和厢式车生命周期碳中和 2. 卡车与公共交通业务:2039 年在欧洲、北美和日本实现碳中和;2050 年实现所有地区所有产品碳中和 3. 戴姆勒工厂:2022 年开始,世界范围内奔驰乘用车工厂、欧洲的卡车及公交工厂实现碳中和;2025 年前,北美和波兰的卡车生产工厂实现碳中和;2030 年前乘用车工厂碳排放减少 50%(2018 年为基年);2039 年前所有工厂实现碳中和
大众汽车集团	1. 2025 年汽车生产和使用阶段碳排放量减少 30%(2015 年为基年) 2. 2030 年汽车生产和使用阶段碳排放量减少 30%(2018 年为基年) 3. 2050 年达成全价值链碳中和目标

续表

企　业	战略关键要点
宝马集团	1. 2021 年开始所有生产过程中的剩余碳排放将通过认证的环保项目抵消 2. 2030 年生产环节碳排放减少 80% 3. 2030 年汽车使用环节每公里碳排放减少 40% 4. 2030 年供应链环节碳排放减少 20% 以上 5. 2050 年实现完全碳中和

第一节　大众集团

一、起源与发展概况

大众品牌的起源可以追溯到 1931 年费迪南·保时捷在斯图加特创建保时捷汽车设计室,在 1937 年正式成立,经历近百年的时间(表 6.2),目前与丰田成为世界上最畅销的两家汽车公司。

表 6.2　大众集团重要事件一览表

时间(年)	事　　件	详　　情
1937	大众汽车成立	
1939—1945	"二战"期间用于军备生产	type82E 是为"二战"开发的军用车型
1945—1949	1945 年 6 月,公司由英国军政府接管;1948 年,西德政府收回经营权	甲壳虫大量生产
1950	Type2 投入生产	
1955	第一百万辆甲壳虫下线	以其出色的广告营销,风靡美国
1956	独立的生产基地在汉诺瓦成立	

续表

时间(年)	事　件	详　情
1961	拓宽产品线	在 type3 基础上研发三款新品：Karmann Ghia，Notchback，Squareback
1964	从戴姆勒-奔驰公司买下奥迪	以 2.9 亿马克一举收购奥迪 100％股份
1969	买下 NSU；开发出 Type4 模型；引入硬壳式结构和一体式成型技术、全自动变速箱；电喷发动机（动力更强劲）	奥迪与德国制造商 NSU Motorenwerke AG 在 8 月 26 日合并为汽车联盟，创建 Audi NSU Auto.AG(1985 年更名为 AUDI AG)
1971	基于 type4，研制出全新"超级甲壳虫"（type113）	
1972	甲壳虫销售 15 007 034 辆	超越福特汽车 Model T 车型在 1908—1927 年的记录
1973	发展陷入瓶颈，帕萨特诞生	帕萨特采用模块化战略设计
1974	尚酷、高尔夫诞生	
1975	Polo 横空出世	
1976	首辆 Golf GTI 下线	
1980	大众在北美市场受到日系和美系车挑战，销量狂跌	第二代高尔夫、GTI 和捷达挽救大众北美市场
1983	第二代 Golf 生产	
1985	大众美国销量突破 20 万辆	比预定目标提前 22 年
1987	成为西班牙汽车公司 Seat（西亚特）的主要持有者	
1990	大众成为全球销量冠军	
1991	买下斯柯达；在北美市场推出第三代高尔夫	1991 年，收购斯柯达 70％股份，2000 年收购余下 30％
1995	大众推出新甲壳虫，引起复古风潮	
1997	推出 Golf MK4，并在此平台上诞生 Bora；新甲壳虫，奥迪 A3，奥迪 TT，斯柯达奥克塔维亚量产；上汽通用成立	

续表

时间(年)	事　件	详　情
1998	从 Vickers 购买劳斯莱斯和宾利；购买布加迪，推出三款概念车：EB110、Chiron、Veyron(量产版 406 km/h)；买下意大利超跑制造商兰博基尼	宾利与劳斯莱斯董事会威克斯集团接受大众报价，以 14.14 亿马克将宾利和劳斯莱斯品牌出售
1999	推出 Lupo 3L TDI，首款耗油量仅 3 升/100 公里的量产车问世	
2002	开始量产豪华越野车 Touareg；Touran 小型厢型车生产，辉腾诞生	大众品牌进入新市场
2003	第五代高尔夫开始生产，途锐问世	
2006	途观(Tiguan)问世	
2008	第六代高尔夫、途观(小型 SUV)和帕萨特双门跑车上市	
2009	小型 MPV 西亚阿尔塔上市；大众与铃木组成战略伙伴联盟	大众收购铃木 19.9% 的股份，收购保时捷汽车 49.9% 股权
2011	收购保时捷，控股 MAN，大众成为全球最大汽车公司	
2015	大众柴油排放丑闻	2015 年 9 月 18 日，美国环境保护署指控大众利用"作弊软件"让柴油车尾气排放"符合"欧洲联盟排放标准的违法行为
2016	大众成立新品牌 Moia 进军移动出行	网约车业务全部移至"Moia"，提供"新出行方案"服务
2018	将其持有的上汽大众股份中的 1% 转让给奥迪公司	
2019	电动车战略发布	
2020	ID.3 电动车上市	
2021	"加速"(ACCELERATE)计划发布；ID.4 电动 SUV 上市	在 2025 年前推出约 70 款电动车型，并计划在 2030 年前将电动车销量提升至约 600 万辆
2022	超级工厂计划；ID.Buzz 概念车发布	

资料来源：作者基于网络资料自行整理。

　　目前集团旗下拥有保时捷、大众、兰博基尼、斯柯达、宾利、布加迪、奥迪、斯堪尼亚、MAN、SEAT、杜卡迪、大众商用车等 12 个品牌。由于其资本结构和劳资关系,大众汽车集团具有战略转型的特殊先决条件,其创始者保时捷-皮耶希家族、大众工会、下萨克森州政府拥有大众的控制权(图 6.1),公司转型决策更具长期效益。

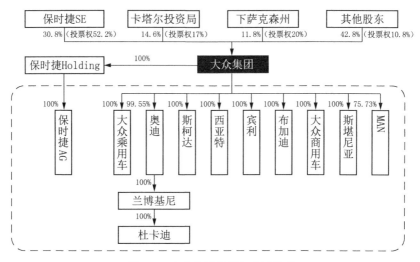

图 6.1　大众集团的股权分配结构

资料来源:刘洋:《Volkswagen AG-大众的汽车》,西南证券,2018 年 12 月 12 日。

　　从营业收入变动趋势来看,2000 年到 2008 年,大众集团从 818 亿欧元增长至 1 138 亿欧元,复合增速约 6.8%。其中,2002 年到 2004 年,全球需求不振,大众销量下滑带来营收和利润的减少。2005 年伴随全球经济复苏,公司业绩重新增长。2008 年全球金融危机,大众销量增速放缓,2009 年营收下滑明显;2009 年到 2019 年,公司营业收入从 1 052 亿欧元增至 2 526 亿欧元,体量翻倍扩张,其中 2012 年 8 月大众完成收购保时捷汽车业务,集团资产被重估,因而利润大幅增长。2019 年底因新冠疫情和全球供应链等问题的出现营收下降,2020 年营收下降至 2 228 亿欧元后,2021 年和 2022 年分别实现2 502 亿、2 792 亿欧元的营收(图 6.2)。

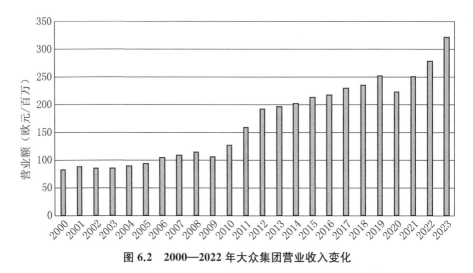

图 6.2　2000—2022 年大众集团营业收入变化

资料来源:statista, Umsatz der Volkswagen AG von 2000 bis 2022(in Millionen Euro)〔EB/OL〕. https://de.statista.com/statistik/daten/studie/30743/umfrage/umsatz-der-volkswagen-ag/.

作为全球性的汽车集团,欧洲及其他、亚太、北美、南美市场的销量贡献分别为 44%、42%、9%、5%,销售额贡献分别为 62%、17%、17%、4%。亚太市场,特别是中国市场是大众集团近年来在亚太市场拓展的重心,这一点可以由大众中国车型的销售数据来证明(图 6.3)。

目前,大众在全球共有 120 个生产基地,拥有高度差异化的生产结构,并形成了产品和生产概念领域持续的平台战略和模块化设计。2022 年,大众汽车在全球范围内交付约 830 万辆汽车,其中 57.21 万辆为电动汽车。2023 年,大众预计推出全新 ID.3、ID.7、ID.Buzz 长轴距版、CUPRA Tavascan 和奥迪 Q8 e-tron 等多款新车型。

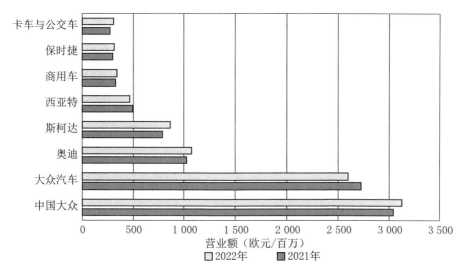

图6.3　大众各主要车型销售数据

资料来源：statista，Umsatz der Volkswagen AG von 2000 bis 2022（in Millionen Euro）［EB/OL］. https://de.statista.com/statistik/daten/studie/30743/umfrage/umsatz-der-volkswagen-ag/.

二、核心策略

大众无疑是传统汽车巨头中转型最坚决的一个，究其原因：一方面欧洲的排放法规严苛，电动化启动较早，作为欧系车企不得不进行快速全面的转型以适应政策环境；另一方面，大众的柴油门事件加速了其转型紧迫性，更重要的是，新对手特斯拉以时不我待的速度在电动和智能赛道上飞奔，更倒逼传统巨头加速转型动作。作为公司的核心战略，"携手2025＋"和"加速"战略中包含了对电气化的强烈导向，将电力驱动、数字网络和自动驾驶作为公司今后发展的核心，三大核心杠杆包括：硬件和软件的分离、跨品牌汽车软件平台和汽车云、制定行业标准。

（一）全球领先的可持续交通供应商

大众的发展目标是成为全球领先的可持续交通供应商（Volkswagen

AG 2020），其关键抓手是核心业务向电池技术领域拓展，要实现从矿、提炼、电池厂、主机厂到电池回收的全产业链布局。此外，商业模式则进一步被拓展为"汽车＋"，将自动驾驶作为新的核心竞争力，提升驾驶的安全性和舒适度，覆盖了从移动到服务的全产业链，即包括无人驾驶软件公司、整车制造、共享车公司、运营平台，将使用一个 APP 来实现各类自动驾驶车辆与各类出行需求的无缝对接。

大众高度重视汽车未来的智能化发展。大众认为，汽车在未来将超越交通工具这个简单的功能概念，极有可能被赋予"家"的属性，因此，其舒适性、智能性极为关键。一方面，软件平台的帮助将使大众成为汽车世界中创新速度极快的领军者，大众要将软件作为一种重要的产品，公司某种意义上类似于一家软件公司；另一方面，大众需要持续提供远比智能手机更多的数据，这也是大众未来成功的关键。

（二）加大新能源汽车及电池的投资

一方面，大众宣布将在由燃油车向新能源汽车转型的过程中专注于电动车型的发展，大力投资电动汽车领域，计划 2023 年前投资 300 亿欧元用于电动化，2030 年实现电动汽车占比 40％。2019 年 11 月，大众投入 12 亿欧元将德国茨维考工厂改为电动汽车专用工厂，2022 年其已成为生产 6 个车型、年产 33 万辆的欧洲最大电动汽车工厂。此外，MEB 平台是大众实现电动车战略的核心平台，预计最终年产量规模在 400 万台左右，是全球量产规模最大的纯电动平台。

另一方面，2019 年，大众宣布与 Northvolt 合作，在德国建立一家电池生产工厂，该工厂将专门生产电动汽车电池。这项合作旨在支持大众集团的电动化战略，并满足其未来电动汽车的需求。该工厂计划于 2023 年开始投产，预计将成为欧洲最大的电动汽车电池工厂之一。

表 6.3　大众集团目前在华销售的新能源汽车车型

车　型	动力电池种类	电池容量 （kW·h）	最大功率 （kW）	纯电续航 里程(km)
高尔夫·纯电	三元锂电池	N/A	100	N/A
朗逸·纯电	三元锂电池	38.1	100	N/A
宝来·纯电	三元锂电池	N/A	100	N/A
e·golf	锂电池	35.8	100	N/A
蔚揽旅行轿车 GTE	锂电池	9.9	160	50
途观 L	插混动力版	12.1	155	52
帕萨特	插混动力版	12.1	155	63

专栏 6.1　大众、宝马开始迁回供应链，欧洲电池巨头 Northvolt 开始出货

近日，瑞典电池制造商 Northvolt 已开始出货，成为第一家向汽车厂商提供动力电池的欧洲企业。Northvolt 表示，公司已从大众汽车、宝马、沃尔沃和极星等车企获得超过 500 亿美元订单，并将在 2022 年余下时间扩产。

作为 Northvolt 最大的投资者之一，大众汽车集团更是野心勃勃，计划到 2030 年在欧洲建造 6 座大型电池工厂，每年总产量将达 240 GWh，平均每家超级工厂的年产能为 40 GWh。彭博新能源财经预测："到 2025 年，欧洲有可能控制全球动力电池制造能力的 11%。这将削减中国企业的市场份额，并在该行业与美国展开竞争。"同时，欧洲委员会估计，届时欧洲市场的年产值将超 1 000 亿欧元。

另外，欧洲也在动力电池回收领域开始布局。瑞典电池制造商 Northvolt 和挪威最大的铝业公司 Hydro 合资创办的欧洲最大动力电池回收工厂 Hydrovolt 在挪威正式启动，将率先在挪威本土推进电动汽车电池商业回收业务,接下来会为德国、法国的汽车制造商提供服务,年内将把动力电池回收业务扩展至整个欧洲。据了解,Hydrovolt 工厂将 100% 使用可再生能源,并采用规模化的自动工艺,用于破碎和分选电池,每年能够处理约 1.2 万吨电池组、约 2.5 万块电动汽车电池。

资料来源:https://m.ne-time.cn/newindexDetail/26010.

(三)向软件为主导的公司转型

大众认为电动车并不是公司真正面临的挑战,数字化才是,更确切地说是软件,并提出硬件和软件分离是向科技公司转型的关键步骤,为软件开发提供自由、广阔空间的同时,可以让标准化产品在集团外销售。一方面,统一的平台战略成为大众汽车集团的重要战略选择,根据计划,MEB 将推出高级电动平台(PPE),由保时捷和奥迪联合开发,将在 2022 年成为奥迪 Q5 e-tron 和保时捷 Macan 的重要架构;电动汽车的新平台可扩展系统平台(SSP),也计划于 2024 年推出,适用于紧凑型汽车和高端汽车。另一方面,宝马或博世等将软件开发捆绑在组织单位内部,与此不同的是,大众通过整合独立子公司 Carmeq 和 Diconium 成立的 CARIAD,是软件开发的核心机构,与微软及其子公司 Azure 的合作,提供物联网解决方案软件操作的开发环境的 VW-OS 1.1、1.2 和 2.0 新版本。

(四)开发高性能芯片

这项任务由 CARIAD 承担,与为电子领域客户提供服务的全球半导体领导者意法半导体,以综合方式开发新的软件概念和高性能芯片,由全球领先的专业半导体代工公司之一的台积电为其制造 SoC 晶圆。作为半导体战略的一部分,CARIAD 将首次与大众汽车集团的 2 级和 3 级半导体供应商建立直接关系。

专栏6.2　德国大众旗下CARIAD和意法半导体合作开发芯片,面向软件定义汽车

CARIAD正和意法半导体携手,为设备互联、能源管理和无线更新等需求打造定制化的硬件设施,让汽车完全实现软件定义功能、信息更安全、更加面向未来。合作目标是为基于大众汽车集团统一的可扩展软件平台的新一代汽车提供处理器芯片。同时,双方达成一致,由全球半导体代工大厂台积电为意法半导体制造SoC晶圆。通过这一举措,CARIAD旨在让大众汽车集团提前数年锁定汽车芯片供应。

CARIAD的新AU1系列处理器将包括双方在Stellar基础上合作开发的系统芯片和Stellar标准MCU,满足大众汽车集团旗下全部品牌的需求。这些芯片是为设备互联、动力总成系统、能源管理和舒适性电子设备相关应用专门研发,用于区域控制器或大众操作系统VW.OS的服务器。基于Stellar独有的技术特性,整个AU1处理器系列的强大性能将足以满足无线更新和轻松运行未来的扩展功能。在采用一个通用的处理器架构后,CARIAD专家只需为所有电控单元(ECU)开发一个通用的基础软件,从而大大降低软件复杂性,同时还能加快软件开发周期。此外,Stellar架构有助于在一个ECU内集成更多功能。这些优点将显著减少汽车中的ECU数量,提高软件的成本效益和可靠性。

资料来源:https://newsroom.st.com/zh/media-center/press-item.html/t4470.html.

(五) 工业云及数字孪生技术的高度嵌入

总体来说,大众汽车工业云是一个战略项目,生产和物流两大核心领域将被重塑,进而形成全新的生产范式,使得该项目从诞生之初就具有超越传统工业4.0项目的发展潜力。一方面,与旧模式不同,汽车工业云将"数字工厂"作为核心理念,基于工业云及数字孪生等新一代信息技术,在设计、生产、管理、服务等制造活动各个环节,通过物理模型、传感器、运行历史、数据分析等相关数字化技术创造虚拟的模型,从而使操作者可为现实物理世界中的物体进行多维度的仿真映射,并反映现实世界中实体的运作周期过程。另一方面,遵循数字信息经济时代的范式,建立以客户为导向、数据为基础的商业模式,并在松散耦合的生态系统中寻求更为开放、更加高效的利益关系。

与领先的工业伙伴一起,大众希望为数字化生产和物流创造一个未来的生态系统,以取代目前分散的供应链平台。大众集团致力于将所有工厂的数据汇集在一起,并使其可以实时使用,力求通过这种方式,为更有效的流程和更高的生产力创造先决条件。在这一过程中,西门子和 AWS 作为大众的重要合作伙伴,发挥关键作用,并实现逐步扩容,进而推出"开放解决方案"战略。其核心要义在于邀请更多的合作伙伴参与、激励相互之间共享,从而促成新解决方案的出台。

基于该平台,合作伙伴们有机会进入最大的汽车制造网络,使用他们的应用程序和所获得的数据进一步改善产品、优化流程,进而获得更大的成功。为了获取对方提供的开发解决方案,公司也乐意分享必要信息。并且,由于解决方案不局限在单个工厂内,而是可能出现在大众集团全球范围内的生产地点,因此,合作伙伴公司有望实现高度的规模经济,实现一加一大于二。

第二节　宝马集团

一、起源与发展概况

宝马集团的历史始于 1916 年 3 月 7 日,最初的名称是巴伐利亚飞机制造公司(Bayerische Flugzeugwerke AG)，主要致力于飞机发动机的研发和生产。1917 年变更为巴伐利亚发动机公司(Bayerische Motoren Werke G.m.b.H)，并于 1923 年开始生产摩托；1928 年，收购埃森那赫汽车厂，开始了宝马成为杰出汽车制造商之路。

目前，集团拥有 BMW、MINI 和 Rolls-Royce 三个品牌，是世界上唯一一家专注于所有高档汽车细分市场的汽车制造商。作为当今世界十大汽车制造厂商之一，宝马目前在全球 12 个国家拥有 23 个生产和组装厂，诸如：德国慕尼黑工厂，主要生产 3 系、4 系、5 系、6 系、7 系等多个车型；美国斯帕坦堡工厂生产包括 X3、X4、X5、X6 和 X7 等 SUV 车型；英国工厂(位于牛津和斯旺西)是 MINI 的生产基地，MINI Hatch 和 MINI Clubman 等车型在这里生产。2003 年，集团在中国与华晨中国汽车控股有限公司合作，建立了华晨宝马汽车有限公司，负责 BMW 汽车的生产及销售；集团还拥有 5 个 BMW 汽车组装厂，分别位于泰国、埃及、印度尼西亚、马来西亚和俄罗

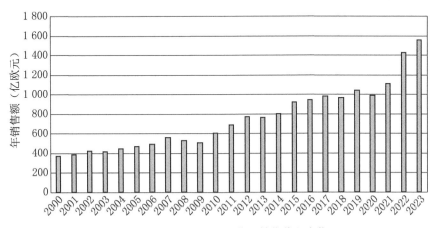

图 6.4　2000—2022 宝马集团销售收入变化

资料来源：Stefan Leichsenring. VW-Konzern will offenbar letztlich nur noch eine Elektro-Plattform haben[EB/OL]. Volkswagen, 2021.03.16. https://insideevs.de/news/494747/vw-elektro-plattformen-ssp-trinity-artemis-apollo/.

斯,主要由宝马集团与合作伙伴共同经营。截至 2022 年,宝马集团年销售
汽车近 240 万辆,销售收入达 1 426 亿欧元(图 6.4),其中电动汽车销售 17.2
万辆,超过奥迪(11.8 万辆)、梅赛德斯-奔驰(11.7 万辆)和保时捷(3.48 万
辆),成为 2022 年销量最高的德国高端品牌。

二、核心策略

宝马未来业务领域的关键词包括自主、互联、电动和服务。迄今为止,
宝马并没有推行以扩张为目的的发展战略,而是试图围绕品牌的核心商业模
式,分三个阶段渐进地转移到信息经济领域及汽车电动化(表 6.4),宝马
2025 年将推出 25 款新能源车型,并保持平均每年 30% 的电动汽车销售增
长率。

表 6.4 宝马集团的三步走战略

时 间	战略内容
短期(2022—2025 年)	"选择的权力"理念,给同款车提供内燃机、插混和纯电的选择
中期(2025—2030 年)	推出纯电架构的"新世代"车型,同时将纯电比例逐步提升至 50%
长期(2030 年以后)	旗下部分品牌完全纯电化,同时辅以氢燃料电池作为零排放的补充,但仍将有一定比例内燃机车型

资料来源:电动汽车观察家:《解读宝马电动化的短期、中期和长期战略》,2022 年 3
月 21 日,http://www.evinchina.com/newsshow-1064.html。

(一) 全新设计+自动化、互联化、电动化和共享化

在 20 世纪 90 年代初,宝马已经以 E1 的形式展示了两辆电动汽车的原
型,但当时它们遇到了似乎无法克服的技术和经济限制;随着 Mini E 和
BMW Active E 的推出,两款全电动概念车最初以小批量的方式生产,并在
合作伙伴公司进行试点应用测试;之后,宝马 i3 推出,并将创新的重点放置

于电力驱动系统之上,进而奠定了宝马在德国市场的先行者地位,时任首席执行官诺伯特·赖特霍夫(Norbert Reithofer)将其称为"实现可持续交通的革命性一步";2016年,为了节约成本,未来的电动汽车不再在特殊的电动汽车平台上建造,而是将既定的车型系列电动化,诸如FAAR(前轮驱动汽车)、CLAR(后轮驱动汽车),将其作为差异化的竞争因素进行营销;2017年,宝马正式推出以A.C.E.S.为目标的"全新第一战略",即自动化(Automated)、互联化(Connected)、电动化(Electrified)和服务化(Services);2020年日内瓦车展,宝马首款纯电动四门轿跑BMW i4概念车发布,全新设计＋自动化、互联化、电动化和共享化成为宝马的第一战略。

专栏6.3　宝马 iVision Circular 循环概念车

宝马集团在2023年3月15日召开的财报年会上,首次揭秘新世代车型产品规划,并可能成为宝马集团电动化发展的中流砥柱,其主要特色包括:(1)全新开发的电子电气架构;(2)全新的高效电驱和电池系统,采用第六代eDrive电力驱动系统和新一代锂离子电芯,在总体成本降低50%的同时,实现能量密度提升超过20%、续航里程提升30%、充电速度提升多达30%;(3)全新的循环永续标准,实现100%使用再利用材料和100%可回收整车所有材料。

新世代车型将在匈牙利的德布勒森工厂率先投产。该工厂总投资超过20亿欧元,遵循BMWiFACTORY生产战略"精益、绿色、数字化"理念,专门为生产新世代车型而建造。BMWiFACTORY生产战略是宝马对于未来汽车生产的总体规划。目前,宝马在全球的30多家工厂都遵循BMWiFAC-TORY生产战略陆续进行转型升级,以支持电动车业务的快速发展。

资料来源:太平洋号,https://www.pcauto.com.cn/hj/article/1925596.html。

（二）增量模式下的软件化

其实，在1996年宝马的年度报告中，便提出了宝马汽车软件设计的指导思想，将其定位于"系统的网络化和电子的分散化"，即：以紧凑、可靠和风险较小的方式开发汽车的软件功能。在此基础上，宝马首批电动汽车之一i3于2013年进行批量生产，这款车型将重点置于电力驱动系统之上，从而奠定了宝马在德国电动汽车市场上"先行者"的地位，被誉为"可持续交通方面极具革命性的一步"，但i3的收益却并未达到预期。基于此，宝马没有继续推进更为激进的发展策略，而是转为改造既有车型使其实现电动化的发展模式，特别是在2020年10月，宝马成立"数字汽车"部门，负责宝马操作系统7.0的后续版本，其目的是整合软件、电子电路、自动驾驶、驾驶辅助等方面的工作，推动公司研发和技术应用方面的互联互通。与此同时，宝马还在iNext中引入一个新的"数字神经系统"，将其直接连接到中央计算机，使得独立控制单元的数量发生缩减。

在这一过程中，伙伴关系、标准化联盟和开源项目合作在宝马高度自动驾驶领域中发挥着重要作用。2016年7月，宝马集团、英特尔及Mobileye宣布联手合作，旨在全面实现自动驾驶，力争在2021年实现高度自动驾驶解决方案的量产；此外，宝马还在与其他制造商和系统供应商共同制定关于自动驾驶安全方面的联合白皮书中发挥了主导作用；2019年2月，宝马还与戴姆勒公司就高度自动驾驶的下一代技术发起了长期合作计划，旨在共同开发一个可扩展的技术平台，用于驾驶辅助系统和高速公路上的自动驾驶，以及包括传感器在内的自动泊车功能。

（二）打开手刹后的移动服务

除了动力系统的电气化之外，宝马进入汽车以外的新商业模式始于2011年，并专注于开发移动解决方案，致力于BMWi品牌的打造。它将自已定位为不仅仅是一家高档汽车公司,同时专注于开发和提供新的服务,以满足城市对灵活移动解决方案日益增长的需求。

在这一战略的指导下,宝马与德国汽车租赁公司 Sixt 成立了一个各自占股 50％的合资公司,该公司于同年 6 月推出汽车共享服务 DriveNow。之后,为了追求规模经济和最大化资源,宝马在 2019 年将其移动服务与戴姆勒合并,在两者的合资公司 YourNow 中将其产品合并为 ShareNow、Free-Now、ReachNow、ParkNow 和 ChargeNow 五个移动服务。2019 年 12 月,合资公司与美国汽车共享服务机构 ShareNow 等联手。移动服务领域与汽车工业高度相关,前景广阔,但需要非常具体的结构和流程,特别是优化车队方面,宝马通过跨品牌结构打造稳步进入。

(四) 开放式制造平台

宝马一直致力于挖掘和开发数字技术在汽车生产和生产系统方面的潜力,根据按订单生产的原则,将生产线与互联网进行连接,从而使宝马生产过程的信息化水平达到新的高度,并高度专注于全球生产系统的打造。这一战略推进的关键在于生产云平台的高效链接作用。具体来说,初期,宝马在 2012 年开始建构自己的私有云平台,通过模块化将基础设施层面与平台层面进行区分,用于管理应用程序、收集和分析数据,进而减少对某些制造商或供应商的过分依赖;之后,鉴于不断增长的数据量和客户需求,私有云环境逐渐达到极限,宝马开始与亚马逊 AWS 和微软 Azure 合作,建立了开放式制造平台(OMP),旨在通过建立开放式技术平台和跨行业社区来克服研发、制造和生产中所出现的各种问题,提出智能工厂解决方案,这些解决方案可以由汽车和制造业的 OMP 社区共享,涉及的关键合作伙伴包括:AWS 和微软 Azure、罗伯特博世的工业技术部门和 ZF Friedrichshafen 公司、饮料生产商百威、Nvidia 工厂物流领域等。

第三节　戴姆勒集团

一、起源与发展概况

戴姆勒集团的前身是卡尔·本茨在曼海姆创立的奔驰公司(Benz&Cie)与戈特利布·戴姆勒在斯图加特创立的戴姆勒汽车公司(Daimler Motoren Gesellschaft),二者在1998年合并,是全球最成功的汽车制造企业之一。自2019年11月重组以来,集团被分为一个伞状公司(6 000名员工)和三个基本自主的子公司梅赛德斯-奔驰股份公司(约175 000名员工)、戴姆勒卡车股份公司(约100 000名员工)和戴姆勒移动股份公司(约13 000名员工)。与宝马和大众集团等竞争对手不同,戴姆勒并不是由一个或几个大股东控制,最大的股东包括吉利集团(9.7%)、科威特(6.8%)、北汽(5%)和雷诺—日产(3.1%)等,机构投资者持有53.8%的股份,私人投资者和小股东持有21.6%。2022年,戴姆勒集团的总收入为1 896亿欧元,总销售量为204.3万辆(表6.5),xEV车型(PHEV和BEV,包括Smart)的全球交付量达到319 200辆(增长19%),占2022年总销量的15%。

表 6.5　戴姆勒集团销售信息(单位:辆)

	2022 年	2021 年	变化率(%)
乘用车	2 043 900	2 055 000	−1
其中:Smart 和电动汽车	117 800	52 500	124
欧洲市场	635 100	631 800	1
其中:德国	229 500	213 100	8

续表

	2022 年	2021 年	变化率(%)
亚洲	987 800	976 100	1
其中:中国	751 700	758 900	−1
北美	327 000	318 500	3
其中:美国	286 800	276 100	4
世界其他地区	94 000	128 700	−27

资料来源: best-selling-cars. 2022（Full Year）Global：Mercedes-Benz Sales Worldwide by Region and Model[EB/OL]. 2023.01.10.

自 2011 年起,戴姆勒确实致力于在所有业务领域占据领先地位,并采取了一系列战略举措来实现这一目标。包括:(1)创新技术和可持续出行,推出了一系列电动车型,如 EQC 和 EQS,也在自动驾驶技术、智能互联等领域持续进行研发和创新。(2)数字化和互联网技术,推出了 Mercedes me Connect 等智能互联服务。并探索人工智能、大数据和物联网等领域的应用。(3)服务和用户体验,通过数字化平台和移动应用程序提供多样化的服务,如车辆共享和订阅服务。(4)持续改进和可持续发展,致力于提高产品质量和制造效率,推动供应链的可持续性,并制定了可持续发展的战略目标。

二、核心策略

戴姆勒集团沿着互联、自主、共享和电动(CASE)四个行动领域和生产领域推出了战略举措,并致力于开发某些交叉和关键共性技术,如:大数据分析、Pivotal Cloud Foundry 等平台和 Springboot 等框架,预计 2030 年新能源车销量占比超过 50%。

(一) 电动优先战略

戴姆勒电动化战略主要集中在三个方面,其一是发展高性能 48 V 技术,降低油耗;其二是对新车型或原有车型推出插电式混合动力版本,提升燃油利用效率;其三是研发纯电动与燃料电池零排放车。此外,戴姆勒集团旗下的 Smart 在官网公告表示:从 2020 年起,该品牌在欧洲将只推出用电驱动的车型。作为这一战略的第一个关键组成部分,2016 年为电池动力汽车推出了新的 EQ 品牌,同时,开始开发模块化电动架构(MEA),内部称为 EVA II,用于豪华和奢侈级车辆。对电动汽车的研究、资源和基础设施的投资,特别是在工厂转换和电池技术方面,梅赛德斯计划在向电动动力系统过渡方面投资 100 亿欧元,建立一个全球生产网络,以便能够灵活和有效地满足全世界对电动汽车的需求。总体来说,电动优先战略符合梅赛德斯-奔驰汽车公司 2019 年宣布的可持续发展战略"Ambition 2039",该公司希望在 2040 年之前实现其整个车队的碳中和。一个初步的中期目标是,到 2030 年,混合动力或全电动汽车应占乘用车销量的 50%。除了电力驱动系统,戴姆勒也在继续投资其他驱动解决方案,如燃料电池和锂离子电池。

专栏 6.4　戴姆勒的电气化战略

第一,电动汽车平台建设。从时间轴来看,2020 年 10 月份,平台规划了 EVA+MMA 两个电动汽车平台:2021 年,EVA 平台将战略规划定位于 EQS,后续将 MMA 升级到 800 V 平台。事实上,从 2020 年 10 月起的十个月内,奔驰完成从"纯电第一"到"纯电唯一"的转变,战略目标也在随之升级,2025 年的纯电 EV 销量从原计划的 25% 占比提升到 50%。针对专注于纯电车型的战略规划,奔驰在前面两个平台的基础上,计划建设三个 EV 专用的电气化平台 EA:专门面向中大型车的 MB EA,在跑车上进行迭代、适用于 AMG 品牌高性能车的 AMG EAPerformance,以及适用于商用车平台的 VAN EACommercial。

第二,电池战略布局与转型。奔驰基于自身每年 200 GWh 的电池需求,计划在世界各地建 8 个超级工厂,定义奔驰高度标准化的电芯,并进入电池材料供应链。在电池材料和新供应商体系建设方面,奔驰和主流的 CATL 合作,扶持孚能大规模供应,并与美国电池初创企业 Sila Nano 合作开发了能量密度高达 900 Wh/l 的硅碳负极体系,可支持快充,同时开发高硅含量负极以支持更多次的充电循环,电池寿命更长。

第三,续航超千公里的车型开发。作为豪华车企,奔驰最高端车型,开发同样规格和重量的电芯可以达到超千公里的续航。奔驰加大电机投入,还购买了英国电机厂 Yasa。

资料来源:https://www.gg-lb.com/art-43191.html.

(二) 互联与自主的软件

车辆软件现代化早在 2018 年就在梅赛德斯-奔驰用户体验(MBUX)的新多媒体系统中实现了引入,戴姆勒顺势在集团内部成立了自己的创业公司 Mbition,不仅被委托将 MBUX 多媒体系统扩展到所有梅赛德斯-奔驰汽车的车型上,而且还被委托开发了一个生态系统,其目的是在运行过程中通过软件更新不断改进和扩展系统,并提供第三方应用程序;高度自动驾驶方面,将集团的主要精力和资源放在卡车部门,而轿车方面则倾向于合作研发。

企业基于对传统 OEM 厂商的深入了解,意识到新兴科技公司也在推动并试图进入汽车制造领域,转而将非传统的原始设备制造商视为最大挑战。因此,企业借助与客户的直接接触,力求通过数字化转型紧紧抓住软件创新这一新商机。

(三) 联运共享平台

戴姆勒移动出行服务将新移动概念纳入打车应用软件的运营之中,目前集中在三个领域:汽车共享(Car2Go)、出租车服务(mytaxi)及多重模式联运平台(moovel)。通过汽车共享服务"Car2Go",戴姆勒成为移动领域开发新商业模式的先驱之一。与其他同行供应商相比,Car2Go 的核心创新是:所使用车辆不必返回租赁站,而是可以停在城市地区的任何地方;客户可以通过智能手机的 GPS 定位车辆,并通过 Car2Go 应用程序解锁车辆。戴姆勒通过并购进入了叫车领域,还在集团内部成立了多式联运服务 moovel,此次试点服务将测试把高度自动驾驶和完全自动驾驶车辆纳入一个多模式交通网络,其目的在于提供无缝衔接的数字化体验,指定社区的用户将有机会预订到由安全驾驶员监控的自动驾驶汽车,从指定接车地点自动驾驶至目的地。

多年来,戴姆勒致力于推动自动驾驶的发展。作为车企,必须重新思考城市交通出行趋势,自动驾驶将帮助实现未来城市交通愿景。因此,开发具有自主知识产权的软件平台至关重要,未来车辆的大脑和中枢神经系统是维护主机厂数字主权的唯一途径。戴姆勒一直努力寻求用最佳方式将完全自动驾驶汽车与未来移动出行服务用户连接起来。

(四) 挖掘数字技术的潜力

近年来,梅赛德斯-奔驰汽车公司建设投资了 7.3 亿欧元,利用工业 4.0技术,第 56 厂的生产将更加高效、更加灵活、质量更高。因此,"梅赛德斯-奔驰汽车运营 360"(MO360)将所有流程联系在一起,第一,从订购到所有车辆的最终检查,实现每辆车的平均生产时间为 30 小时。第二,所有 30 家工厂都将通过 MO360 进行联网,如果其中一个工厂在生产中出现错误,其他工厂可以实时自动得到通知。这种基于实时的信息互通是新生产战略的重要组成部分,在这种战略中,几十年来建立的单一行动的工厂模式将被四个灵活的全球网络所取代。第三,以碳中和的方式进行生产,并且只使用可再生能源的电力。

专栏 6.5　奔驰工厂新标杆——56 号工厂

德国南部的斯图加特是第一辆汽车的诞生处,也是奔驰汽车总部所当地,这里也坐落着奔驰最先进也最神秘的 56 号工厂,所有奔驰的顶级车都在这里生产。

Factory 56,是奔驰按照工业 4.0 标准打造的未来工厂,也是未来全球所有奔驰装配工厂的蓝图和示范工厂。它是奔驰持续而全面的加持最新技术,以"数字化、柔性化、绿色化"为核心目标,并坚持以人为本,绝不对质量妥协,为奔驰全球其他工厂以及整个汽车制造业创立的新标杆。

56 号工厂开创性的利用 5G 技术优化工厂生产流程。通过和西班牙电信以及爱立信合作将 5G 移动通信标准作为创新项目首次投入生产运行:整个装配车间实现全面无纸化,员工通过显示器或个人数字助理进行工作;利用大数据技术收集和评估生产数据并把结果传回生产线;通过预测性维护有效规避设备故障,增加业务运营时间;在此基础上实现了传统装配线的革新。通过大量使用 AGV 装配线,即无轨装配工位,实现了无轨自动运输与自动拣货,可满足多种车型混线生产。传统装配线与柔性装配线的结合可以保证大规模灵活生产。

360 度全价值网络联网在 56 号工厂得以应用。实现了整个增值链全方位的互联互通,包括从开发—设计—供应商—生产流程—客户。例如,通过与供应商的协同,可以实现在世界各地以数字化的途径追踪物料或零部件的物流状况;工厂与客户同样实现了互联互通,客户通过 Mercedes me 的 APP,可实时掌控自己购买车型的生产进度,甚至提出临时的变更要求。数字化工具的应用如通过 VR 优化生产过程,生产工位可以按照人机工程学进行虚拟的设计和测试。基于此,可以及早发现供应链与消费端的差异,从而缩短反应时间。

56号工厂真正践行了绿色制造、节能环保。工厂屋顶满是太阳能板,可实现对厂区的能量供应,未来还能实现对电动汽车充电站的能量供应,厂区内还做了大量的节能措施。屋顶40%的区域将覆盖绿植,外加"蓝天建筑结构"可以保证日光,为员工创造了宜人的工作环境。

梅赛德斯奔驰公司作为汽车工业的先驱,在迈向工业4.0的路上,同样作为行业开拓者和领路人,革新汽车生产方式,为未来汽车工厂设立标杆,Factory 56的前沿实践和奔驰自身对于未来工作的思考,对业界而言,极具启发性。

资料来源:http://www.shucar.com/xinche/201908/1793.html.

(五) 注重对终端客户界面的维护

一方面,梅赛德斯专注于升级终端客户界面,并将其作为捍卫领先地位的重要抓手。在此过程中,首要任务需要建立奔驰自有的信息系统(MBUX),该系统在技术上和用户指导方面能与谷歌、安卓等科技公司解决方案竞争。在合作伙伴如Nvidia和Cerence的帮助下,奔驰围绕MBUX建立起自己的生态系统,并取得了阶段性的胜利,防止谷歌等科技公司占据终端客户的界面。另一方面,梅赛德斯一贯重视利用品牌魅力,持续在豪华和奢侈级别汽车的细分市场上树立标准,能够应对竞争对手的任何冲击。相对而言,戴姆勒似乎已经放弃开发新移动概念的举措,目标转移为要发展成为一个与苹果公司类似的科技汽车制造商。

第七章
价值链知名企业的关键策略研究

汽车制造业价值链中的低碳意义重大,通过减少碳排放、推动电动化、促进可持续供应链和满足消费者需求,企业可以在应对气候变化和可持续发展方面发挥积极作用,同时保持竞争力并满足不断变化的市场需求。本章着重分析全球知名汽车供应商企业(博世、巴斯夫和宁德时代)在新背景下的转型战略、技术构成、发展方向和重点,希冀为中国汽车制造业转型升级提供对策建议。

第一节　博世集团

一、起源与发展概况

罗伯特·博世有限公司(Robert Bosch GmbH,简称博世)于 1886 年在斯图加特创立,公司的初始定位为"精密机械及电气工程工厂"。与大多数寡头旗舰企业不同,根据创始人的意愿,博世集团 94% 的股份由慈善机构罗伯特·博世基金会持有,其优势在于公司能够相对独立于资本市场进行长期规划,并在未来进行相当大规模的投资。经过 100 多年的发展,博世如今已经成为涵盖汽车零部件与智能交通技术(包括制动器、控制器、电气传动、电子、燃料系统、发电机、起动机和转向系统)、工业技术(包括驱动器和控制、包装技术和消费品)、消费品和能源及建筑技术(家用电器、电动工具、安全系统和热力技术)的大型多元化集团公司。然而不变的是,博世一直处于汽车工业的最顶端,汽油缸内直喷系统、ABS防抱死系统、ESP车身稳定系统等均为博世所发明。根据《美国汽车新闻》(*Automotive News*)全球汽车供应商百强榜,博世已连续13年居全球第一大汽车技术供应商(表7.1),现有员工人数超42万,遍布50多个国家,2022年销售额达到884亿欧元。

表7.1 2022年全球汽车电子厂商排名

排名	公司	国家	销售额(单位:亿美元)
1	罗伯特·博世	德国	491.44
2	电装	日本	435.69
3	采埃孚	德国	393.00
4	麦格纳国际	加拿大	362.00
5	爱信精机	日本	334.76
6	现代摩比斯	韩国	290.73
7	佛吉亚	法国	258.80
8	大陆	德国	241.97
9	巴斯夫	德国	213.53
10	李尔	美国	192.63

目前博世共有4个业务领域,分别为汽车与智能交通技术、工业技术、消费品以及能源与建筑技术领域,占其收入规模最大的是汽车与智能交通技术,业务遍及全球66个国家的300多个办公地点,2022年增幅为16.0%,利润率为3.4%,占公司总收入的59.5%。此外,博世于1909年在中国开设了第一家贸易办事处,1926年在上海创建首家汽车售后服务车间。截至

2022 年,博世在中国已经有 37 家公司,并在上海设有博世(中国)投资有限公司,在华销售额达 187 亿欧元。

二、核心策略

作为供应链中的第一层,博世几乎与世界上所有重要的汽车制造商保持着业务关系。因此,博世一直受到双重角色的约束:一方面,公司努力保持与原始设备制造商的紧密联系;另一方面,创新的自主性对于提升行业竞争地位不可缺少,作为其企业战略的竞争性差异化特征,博世从一开始就努力保持与该行业客户的密切关系。博世战略形成是在日益接近客户和战略自主性之间的二元对立中前进,其核心策略包括:开放合作,以合成电子燃料战略来应对有关碳排放减少的要求;发展驾驶辅助系统领域的产品组合,以应对高度自动化自动驾驶的新兴趋势;通过捆绑跨域计算解决方案这一新领域,应对汽车领域软件密集型电子系统市场快速增长的需求变化。

(一)跨界创新合作网络

众所周知,在汽车生产和制造的旧范式中,供应链和价值链主导着行业的分工和互动,层级鲜明,其顶端是原始设备制造商(OEM),其战略必须指导整个链条的其他部分。只要各个参与者之间的关系保持在一个稳定的竞争环境中,这种合作的概念就可以保持。2021 年 2 月,博世宣布与微软达成战略合作,共同建立软件平台,创建了通过云架构连接车辆和信息的新型价值创造系统。正因为博世与行业内的许多客户建立了非常密切的开发合作关系,所以与原始设备制造商相比,特别是与来自互联网环境的新竞争对手相比,博世具有明显的先发优势。与此同时,结合欧洲各国汽车制造业的发展优势,博世参与创建了 Catena-X 数据生态系统,并致力于优先数字交换信息,以实现数据驱动新的业务模型,特别是其数据共享网对于推动汽车行业的发展有着极为积极的意义。此外,博世提出了多云战略,平台功能建立在 AWS、华为和微软 Azure 等公共云基础设施上,以增加其自身服务的覆盖面、可扩展性和全球可用性。在这一过程中,博世认为,一个强大的开源战略是不可或缺的基础。

(二) 跨域计算解决方案

软件不仅会改变未来出行的驾乘体验,还将影响汽车工程的设计开发方式,软件定义汽车将带来两大显著优势:一方面是开发速度。在未来,为现有系统部署新功能仅需几天而非数年;另一方面是软硬件开发的解耦,这使得汽车能够随着软件的更新,在更长的一段时间内始终保持最前沿的性能和功能。博世特别关注高性能计算机领域,将其作为现代汽车数字化的技术基础,并创建对应的 IT 架构,确保了电气和电力元件生产、制造以及组装过程的无缝衔接。除此之外,博世正专注于一个日益重要的领域:整合不同来源的软件,推动汽车和 IT 行业之间合作并产生效益。这一点在博世新增雇员的数据中可以被证明,2022 年博世集团全球雇员较 2021 年增加了18 400 人,增幅约为 4%,新增员工中约有 50% 是研发人员;由此,目前博世员工有 44 000 人为软件开发人才。

为此,博世软件创新有限公司(Bosch Software Innovations GmbH)成立,其任务是帮助客户利用物联网和数字化技术来创造价值、提高效率和推动创新,为博世集团各部门和外部客户提供物联网所需的基本技术和软件能力,提供一系列的物联网解决方案和服务,包括设备管理、数据分析、应用开发、云平台和咨询等。其主要架构包括:(1)Bosch IoT Suite,一个全面的物联网平台,用于连接和管理物联网设备、收集和分析数据,并支持应用程序开发;(2)Bosch IoT Gateway Software,用于物联网网关的软件平台,提供连接、安全和数据处理功能,可令物联网设备与云端系统进行通信;

（3）Bosch IoT Insights，基于云的数据分析和可视化平台，用于实时监控和分析物联网设备生成的数据，以获得有关设备性能和运营状况的洞察；（4）Bosch IoT Rollouts，用于设备和软件远程管理的解决方案，支持大规模部署和升级物联网设备的管理和控制；（5）Bosch IoT Consulting，提供物联网战略咨询、解决方案设计和实施支持等专业咨询服务。

在第一阶段，博世开发了必要的技术能力，并通过收购公司制定了清晰的物联网愿景。在第二阶段，针对物联网的复杂性，围绕平台建立起一个生态系统，包括物理世界工具、设备、客户以及创新应用的软件开发人员，并用新的服务和商业模式来丰富产品组合的合作伙伴。博世目前处于第三阶段，即建立跨行业的新生态系统，为此对德累斯顿和罗伊特林根晶圆厂进行扩建，计划收购美国芯片制造商 TSI 半导体的部分业务，并对其位于美国加州 Roseville 的工厂投资超过 14 亿欧元以进行生产设施改造。预期从 2026 年开始，首批基于 8 英寸碳化硅晶圆片的芯片将在该厂投入生产，博世也计划在此之前在半导体业务上追加 30 亿欧元投资以缓解汽车芯片短缺难题。

2023 年 5 月 4 日，博世集团董事会主席史蒂凡·哈通（Stefan Hartung）在集团年度新闻发布会上宣布：博世正通过重组其汽车与智能交通技术业务，更名为"博世智能交通业务"，将于 2029 年实现超过 800 亿欧元的全球销售收入。重组后的博世智能交通业务以及跨部门的密切协作将有助于博世适应汽车工程领域的变革趋势。具体来说，组织架构包括：（1）电气化运动部门从博世电子到座椅调节器，负责与电动马达有关的一切事务；（2）车辆运动部门将处理从 ABS 和 ESP 到转向系统等一系列相关的车辆动力学问题；（3）动力解决方案将处理内燃机技术、移动和固定的燃料电池、电解器和氢气发动机；（4）跨领域计算解决方案将为从自动泊车到自动驾驶等领域开发解决方案;(5)电动车售后市场部将负责零配件市场和博世汽车服务专营店;(6)电动汽车系统部门集中于系统解决方案,包括驱动单元、可充电电池、防抱死系统和联网显示器等;(7)博世子公司 ETAS 将横向负责操作系统和工程工具硬件诊断软件设计和研发。以车辆动态管理为例:其包含了一种全新车辆控制理念,能够更快、更准确地预防车辆失控。它不仅可通过制动系统干预车辆动态,还能在电动动力总成和电助力转向系统层面助力车辆的稳定性,在帮助缩短了制动距离的同时,大幅减少驾驶者需要采取的应对步骤,从而提高出行的安全性。

(三) 绿色技术创新

由互联化、自动化和电气化带来的市场与技术环境的变化,以及日趋重要的可持续发展都将成为博世未来几年的增长动力,博世正在追求"未来可持续、安全和鼓舞人心的交通愿景",致力于采取技术中立路径发展的环境友好的增长。具体来说:(1)可持续交通,致力于开发和提供可持续的交通解决方案,提供了电动驱动系统、充电基础设施和电池技术等解决方案,以推动电动交通的发展,加大博世在节能汽车零部件、智能交通管理和驾驶辅助系统等领域进行创新研发;(2)提高能源效率,开发了智能家居解决方案,帮助用户优化能源使用,并提供高效的暖通空调系统,在工业领域推动能源管理和节能技术的创新,以提高生产效率并减少能源浪费;(3)环境监测技术和解决方案,用于检测和监测空气质量、水质和噪声等环境指标;(4)循环经济,致力于设计和生产可持续的产品,包括可回收和可再利用的材料,并通过改进供应链和生产流程来减少废物和污染;(5)参与清洁能源技术的研发和应用,包括风能和太阳能等可再生能源,支持可再生能源的集成和优化利用。

第二节　巴斯夫集团

一、起源与发展概况

巴斯夫由弗里德里希・恩格尔霍恩(Friedrich Engelhorn)于 1865 年创立,是全球领先的化工公司;2022 年全球销售额近 930 亿美元,在全球财富世界 500 强中排名第 109、化学行业排名第 2(见表 7.2)。巴斯夫在欧洲、亚洲、南北美洲等 80 多个国家设有 350 多个分厂和公司,在全球范围内拥有

表 7.2　2022 年财富世界 500 强化学行业榜单

行业排名	总排名	名　　称	营业收入 (百万美元)	国家
1	31	中国中化控股有限责任公司	172 260.3	中国
2	109	巴斯夫公司	92 929.0	德国
3	180	浙江荣盛控股集团有限公司	69 503.2	中国
4	235	陶氏公司	54 968.0	美国
5	241	盛虹控股集团有限公司	53 947.5	中国
6	264	浙江恒逸集团有限公司	50 974.1	中国
7	305	利安德巴塞尔工业公司	46 173.0	荷兰
8	369	LG 化学公司	37 829.9	韩国
9	401	三菱化学控股	35 402.5	日本
10	402	3M 公司	35 355.0	美国
11	434	新疆中泰(集团)有限责任公司	32 890.2	中国
12	463	林德集团	30 798.0	英国
13	500	优美科公司	28 649.5	比利时

资料来源:财富中文网:《2022 年财富世界 500 强分行业榜:化学品》,2022 年 8 月 3 日,https://www.fortunechina.com/fortune500/c/2022-08/03/content_415729.htm。

约 11 万名员工。巴斯夫产品涵盖化学品、塑料、特性产品、作物保护产品以及石油和天然气等多个领域。

自 2019 年 1 月 1 日起,巴斯夫设有六大业务领域,每个业务领域包含两个业务部门,只有农业解决方案部仍为一个单独的业务领域:化学品业务包括石油化学品、中间体;材料业务包括特性材料、单体;工业解决方案业务包括分散体与颜料、特性化学品;表面处理技术业务包括催化剂、涂料;营养与护理业务包括护理化学品、营养与健康;农业解决方案业务。作为交通行业最大的化工原料供应商,巴斯夫与合作伙伴共同致力于推动汽车行业研发与创新(诸如汽车涂料、车用尿素、制动液、无毒环保的低 VOC 解决方案、高性能聚物),以开发业内领先的解决方案(减排、热量管理、电动交通、轻质结构和燃油效率等),帮助汽车制造商应对目前和未来的挑战。目前,巴斯夫汽车板块的相关业务得到迅速增长,业务量占其 20%—23%。

表 7.3　巴斯夫渗透交通运输行业的关键节点分析

维　　度	主要产品
汽车	催化剂、涂料、塑料、汽车液体和电池材料
公共交通	品牌涂料、轻质地板、底盘、电池技术、润滑剂、密封剂和黏合剂等
航空航天	机舱内饰、座椅部件、二级结构材料、增材制造、性能添加剂和颜料、涂料和密封剂、燃料和润滑油解决方案、阻燃剂和防火材料

资料来源: https://www.basf.com/us/en/products/automotive-and-transportation.html.

二、核心策略

在基础化学品和下游价值链向净零转型过程中,巴斯夫发挥着关键推动作用。2021 年 4 月 16 日,巴斯夫推出气候中和路线图:到 2030 年,投入高达 40 亿欧元,将碳排放量显著减少 25%;到 2050 年,实现全球二氧化碳净零排放的目标；碳减排路径包括从灰电到绿电、电力转蒸汽、新技术、生物基原料以及持续优化运营。

（一）适时调整核心战略

巴斯夫基于对全球发展趋势的预测，筛选研究项目并进行实时更新（表7.4）。以电动汽车为例，巴斯夫为客户开发创新的材料和技术，以用于当前和下一代锂电池乃至未来的电池系统。通过研发以及全球范围内的优质并购，巴斯夫拥有了广泛的正极材料产品和技术组合，助力打造更强劲、更可靠、更经济的锂电池产品，进而满足不断演变的汽车动力传动系统需求；助力可持续发展的电动汽车电池材料价值链；在全球主要区域布局正极活性材料的生产、研发和销售；着眼于从精炼到回收的完整电池生命周期。

表 7.4　巴斯夫 2022 年核心技术领域

领　　域	关键技术	最新产品
可持续食品供应	管理和优化饲料配方的数字解决方案	除草剂 Tirexor
电动汽车	锂离子电池回收利用；车辆内外部动力、总成和底盘化学材料	阴极活性材料
循环经济	开发可堆肥和生物基消费品（例如食品包装）、回收工艺（例如床垫回收）和 ChemCycling™	ChemCycling™（化学回收）
气候友好型工艺	优化能源生产工艺和生产流程	甲烷热解工艺
可持续消费品	创新的合成皮革解决方案、水性涂料	首款符合低 VOC（挥发性有机化合物）标准的零有机溶剂合成皮革

资料来源：BASF. Our research focus［EB/OL］. 2023.09, https://www.basf.com/global/en/who-we-are/innovation/how-we-innovate/our-RnD/research-focus.html # accordion_v2-af2971d2bc-item-7b6f67ca1c.

作为巴斯夫整体产品组合的补充，巴斯夫电池材料能够为汽车行业客户提供解决方案。虽然电动汽车具有行驶过程中零排放这一优势,但电池本身及其电池材料的生产过程仍属于能源密集型。巴斯夫拥有高效的生产工艺,生产过程中使用高比例的可再生能源,在上游整合钴和镍等关键原材料,缩短整个价值链上的运输路线,正极活性材料的低碳排放将在行业中处于领先位置,可以帮助业界尽可能减少电池材料乃至整个电动交通价值链的碳足迹。

(二)零碳化学品生产工艺

巴斯夫将以新技术替代化石燃料,增加对可再生能源的使用。这些技术大多由巴斯夫与合作伙伴共同开发,目前正处于试验阶段。这些技术的大范围推广要到 2030 年后才能完全实现。在此之前,为了加速减少二氧化碳的排放,巴斯夫还将继续对现有生产装置的工艺进行系统化的持续改进;将逐步转向使用可再生能源以满足其电力需求,并计划投资风电场以促进这一进程。此外,巴斯夫还积极参加德国化学工业关键技术研发,通过能效提升、制造工艺创新、采用可再生能源等方式来促进节能减排;将先进的化学技术转变为节能减排产品和工艺,从而为低碳经济、环境和社会做出重要贡献(表 7.5)。

表 7.5　德国化学行业关键技术体系

维　度	技　术
基于电力的工艺	电解氢和二氧化碳制甲醇 从电解 H_2 和 CO_2 中提取氨和尿素 电加热裂解 电加热蒸汽重整 从电解 H_2 和 CO_2 中提取合成油/甲烷
替代原料/工艺	塑料的化学回收(热解、气化、解聚)。 热催化生物质转化为 BTX 从生物质合成油/甲烷 与生物质共同燃烧 甲烷热解

续表

维　度	技　术
下游工艺	通过甲醇制烯烃(MtO)生产乙烯/丙烯 通过甲醇制芳烃(MtA)获得 BTX 来自合成石脑油和裂解的烯烃 来自合成甲烷的烯烃＋甲烷的氧化

资料来源:化学工业 2050 路线图。

(三)可持续发展共建联盟

巴斯夫致力于全生命周期的可持续发展,帮助客户减少整个价值链上的碳足迹。巴斯夫在 2021 年底前为全部产品组合(约 4.5 万种产品)提供"从摇篮到大门"的碳足迹数据。巴斯夫能根据物质平衡方案为客户提供基于可再生或者回收原材料、减少碳足迹的产品,并通过推进可持续可再生原料的使用进一步节约化石资源,减少温室气体排放。巴斯夫倡议,携手价值链上下游伙伴共同创建的"可持续发展共建联盟"(Sustainability Covalence)正式成立,该联盟旨在聚拢产业链合作方,推动各个关键行业低碳发展和创新技术研发,预计到 2025 年,对巴斯夫相关采购支出进行可持续性发展的评估覆盖率将达到 90%。

(四)推出一系列旗舰项目

诸如:与沙特基础工业公司(SABIC)以及林德集团(Linde)合作,致力于实现世界上第一台电加热蒸汽裂解炉的中试炉;与西门子能源公司合作,研究在路德维希港基地建设一个容量为 50 兆瓦的 PEM(proton exchange membrane,质子交换膜)水电解系统的可能性,从而使用水和电力实现无二氧化碳排放的情况下制备氢气;投资北海海底最大的碳捕集与封存(CCS)项目;向欧盟以及德国国家项目申请资金,如欧洲共同利益重大项目(IPCEI)。

(五) 数字化全面转型

围绕"智能制造"这一关键主题,2021 年至 2025 年间,巴斯夫计划投资约 10 亿欧元开发气候适应性强、低排放的智能技术,并在试点工厂中推广这些技术;从 2026 年到 2030 年的五年内,资本支出将增加到约 30 亿欧元,进而实现全面数字化转型,包括:各类增强现实的应用为生产线员工的日常工作提供支持,通过减少换产和周转时间,随时随地准确提供实时的数据和任务信息;巴斯夫还利用数字技术来增强整条供应链的数据可视性和透明度,从而提高交付可靠性,进而与客户、供应商以及战略合作伙伴建立更密切的关系;通过与综合生态体系中的供应伙伴合作,巴斯夫能实时掌握数据,实现主动信息管理。

(六) 推广和使用再生能源

巴斯夫遵循"制造和购买"的策略。该战略包括投资自有的可再生能源资产和从第三方购买绿色能源。为了增加可再生能源在能源供应中的份额,巴斯夫建立了多项战略合作伙伴关系。2021 年,巴斯夫收购了 Vattenfall Hollandse Kust Zuid 风电场的股份;2022 年 5 月,巴斯夫和公用事业公司 RWE 公布了一项计划,将在德国西北海岸建设一个 2 吉瓦的海上风电场,为巴斯夫路德维希港工厂提供绿色电力;巴斯夫还与供应商 Ørsted 和 Engie 签署了可再生能源的长期采购协议;2022 年 8 月,巴斯夫 Schwarzheide GmbH 和 envia Mitteldeutsche Energie AG 启用了第一个合资太阳能发电场。

第三节 宁德时代

一、起源与发展概况

宁德时代成立于 2011 年 12 月,由中国企业家曾毓群创立,是从能源科技有限公司(Amperex Technology Limited,简称 ATL)动力电池部门分拆而出,经过十余年发展,已形成"动力电池、可再生能源和储能、电动化＋智能化"为核心的产业模块,并在全球范围内布局了四大研发中心(福建宁德、江苏溧阳、上海和德国慕尼黑)和十三大生产基地(福建宁德、青海西宁、江苏溧阳、四川宜宾、广东肇庆、上海临港、福建厦门、江西宜春、贵州贵阳、山东济宁、河南洛阳、德国埃尔福特、匈牙利德布勒森)(张雷,2022)。

表 7.6　宁德时代成长历程

年份(年)	主要事件
1999	能源科技有限公司(Amperex Technology Limited,简称 ATL)成立
2001	率先实现贝尔实验室的叠片式软包锂电池产业化
2004	成为苹果 iPod 供应商
2007	成为 iphone 四大电芯供应商之一
2010	为 ipad 供应电池
2011	宁德时代成立,专注于锂离子电池的研发和生产
2012	跃居全球聚合物锂电池出货量第一;与 BMW 合作开发宝马之诺 1E,公司动力电池业务承接的首个项目即为国际顶级车企的项目
2013	与金龙客车展开合作;成为全球第一大无人机品牌独家电池供货商
2014	签约 BMW530Le 混动
2015	与中国电动车制造商比亚迪签署战略合作协议,成为其主要电池供应商之一;收购国内顶尖动力电池回收企业广东邦普循环科技有限公司
2017	全球电动电池出货量第一
2018	与大众 MEB 合作;香港交易所上市
2020	与特斯拉签署了供应合同,成为特斯拉在中国的主要电池供应商之一
2021	与德国汽车制造商宝马签署了战略合作伙伴关系,合作领域包括电池供应和模块供应,以及电池技术创新
2022	宣布在中国广东省建设新工厂,并计划在印度和欧洲设立生产基地

宁德时代作为全球动力电池龙头,超一流地位难以撼动。根据能源市场调研机构 SNE Research 发布的数据,2022 年,全球登记的电动汽车(EV、PHEV、HEV)电池保有量为 517.9 GWh,同比增长 71.8%;全球动力电池装机量前 10 位的企业分别是:宁德时代、LG 新能源、比亚迪、松下、三星 SDI、SK-on、中创新航、国轩、亿纬锂能、欣旺达(表 7.7),宁德时代连续 6 年居全球第一,其 37% 的市场占有率超过第二位至第四位 LG 新能源、比亚迪、松下之和(34.5%)。

表 7.7　全球十大电池制造商业绩

排名	公　　司	2021 年 (单位:GWh)			2022 年 (单位:GWh)			增长率(%)		
		EV	ESS	合计	EV	ESS	合计	EV	ESS	合计
1	宁德时代	115	17	132	270	53	323	135	212	145
2	LG 新能源	77	8	85	92	9	101	19	13	19
3	比亚迪	32	5	37	84	14	98	162	180	165
4	松下	47	0	47	49	0	49	4	0	4
5	三星 SDI	19	8	27	36	9	45	69	13	67
6	SK-on	24	0	24	44	0	44	83	0	83
7	中创新航	10	0	10	24	0	24	140	0	140
8	国轩	8	1	9	17	6	23	113	500	156
9	亿纬锂能	4	1	5	9	9	18	125	800	260
10	欣旺达	3	0	3	11	0	11	267	0	267
其　　他		53	4	57	54	22	76	2	450	33
合　　计		392	44	436	690	122	812	76	177	86

资料来源:国际研究机构 SNE Research。

宁德时代客户群体覆盖国内主流车企,进军国际一线品牌。从配套车企来看,特斯拉(上海)是宁德时代第一大客户,销量在 2022 年占比为 25.9%,上汽、蔚来排名第二、三位,占比在 5% 以上(表 7.8)。此外,根据宁德时代 2022 年报,近三年宁德时代取得海外动力电池客户定点大规模量产交付能力,已推进包括 Tesla、BMW、Daimler、Stellantis、VW、Ford、Hyundai、Honda 等诸多车企的深度合作,市场份额不断提升,业务营收分别是 79.08 亿元、278.72 亿元、769.23 亿元,占营收比重分别是 15.71%、21.38%、23.41%。

表 7.8　2022 年宁德时代主要配套企业及其产出情况

名　称	装机量(GWh)	占比(%)	配套量(辆)
特斯拉(上海)	31.9	25.9	531 239
上海汽车集团	8.9	7.2	198 782
蔚来汽车	8.6	7.0	107 856
广汽乘用车	6.9	5.6	109 645
一汽—大众汽车	6.7	5.4	103 359
浙江吉利汽车	6.6	5.4	111 368
上汽大众	5.9	4.8	100 946
重庆理想汽车	5.4	4.4	136 620
华晨宝马汽车	4.5	3.6	69 068
浙江豪情汽车	4.2	3.4	94 691
合众新能源	4.0	3.2	92 455
重庆金康新能源	3.5	2.9	80 717
重庆长安汽车	3.3	2.7	124 429
上汽通用汽车	2.2	1.8	36 288
东风汽车股份	2.2	1.8	40 954
长城汽车	1.8	1.5	44 855
上汽通用五菱	1.6	1.3	124 851

名　称	装机量(GWh)	占比(%)	配套量(辆)
东风汽车集团	1.6	1.3	33 814
肇庆小鹏新能源	1.5	1.2	23 097
中国第一汽车集团	1.3	1.1	20 446
北京汽车股份	1.1	0.9	24 134
北京奔驰汽车	1.0	0.9	12 796
东风本田汽车	1.0	0.8	21 652
其　他	7.3	5.9	186 152
合　计	123.2	100	2 430 214

资料来源:CBEA 电池网:《TOP10 的变与不变! 2022 中国市场动力电池装机解析》,2023 年 2 月 1 日,https://www.china5e.com/news/news-1147081-1.html。

宁德时代致力于推动电池技术的创新和进步,创新项目涵盖了电池技术的各个方面,包括材料研发、电池设计、生产工艺等,宁德时代研发投入遥遥领先,2021 年研发费用 77 亿元,3—5 倍于二线厂商的研发投入(表 7.9)。此外,宁德时代的专利全面涵盖上游材料和设备端,专利布局广度和深度远超同行,其中模组、pack 层面的专利最多,上游正极、负极、电解液、隔膜、设备、结构件等均有广泛布局,公司的技术迭代优势持续扩大(东吴证券,2022)。

表 7.9　2017—2021 年宁德时代创新投入数据

年份(年)	2017	2018	2019	2020	2021	2022
研发人员(人)	3 425	4 217	5 364	5 592	10 079	16 322
研发投入(亿元)	16.32	19.91	29.92	35.69	76.91	155.10
专利数量(件)	1 160	1 656	2 484	3 317	4 445	—

资料来源:Gan L, Chen Y. Analysis on Sustainable Development Capacity of New Energy Enterprises: A Case Study of CATL[J]. *Frontiers in Business, Economics and Management*, 2023, 8(2): 35—40.

二、核心策略

2020 年,宁德时代明确了三大战略发展方向,即:坚持以可再生能源和储能为核心的固定式化石能源替代、以动力电池为核心的移动式化石能源替代、以电动化＋智能化为核心的应用场景,聚焦绿色产品与服务、绿色制造、绿色生态三大关键维度(表 7.10),制定覆盖投资研发、生产运营及价值链全生命周期的气候变化减缓与适应策略。2023 年 4 月 18 日,宁德时代宣布了零碳战略目标:2025 年实现核心运营碳中和,2035 年实现价值链碳中和。

表 7.10　宁德时代低碳发展策略

维　度		重点举措
绿色产品与服务	低碳产品与服务	聚焦新能源动力电池系统和清洁能源存储,研制第一代钠离子电池、CTP 3.0 麒麟电池等创新解决方案
	新能源与电动化新兴市场	洞察市场需求,加快创新 与金融机构合作,为市场提供 EVOGO 换电等一流的解决方案和服务
绿色制造	急性风险应对	在新建厂房的环境影响等评价中纳入对于气候灾害及其影响的考量 建立和完善气候事件应急管理机制
	自身能源的可再生转型	逐步提升生产运营过程中水能、太阳能、风能等可再生能源的使用比例 积极参与绿色电力交易市场
	高效资源管理	通过智慧技术实现能源、水资源和物料的高效管理 打造"零碳＋灯塔"工厂
	提升气候韧性	积极制定碳中和规划 推动可再生能源的开发和替代 打造可持续的价值链

续表

维　度		重点举措
绿色生态	声誉风险应对	及时披露气候变化应对方面的战略规划、目标、行动及绩效
	政策和法律风险应对	确保公司生产运营合规,并尽可能领先于强制性的监管措施 关注并研究国家发改委新增能源消费政策、《欧盟电池与废电池法规》、欧盟碳边界调节机制(Carbon Border Adjustment Mechanism,CBAM)相关协议等国内外相关法律法规,制定相应的内部政策及规划
	参与碳相关标准政策的研究制定	高效资源管理 布局电池回收利用、支持定向循环技术的创新和发展

资料来源:宁德时代新能源科技股份有限公司:《2022年环境、社会与公司治理(ESG)报告》,2023年3月。

(一)绿色创新产品与解决方案

在矿、大宗原材料、电池材料、电芯制造、电池系统五大关键节点,宁德时代提供电芯、模组和电池包等动力电池产品,以及电柜、储能系统和储能电站等清洁能源存储方案,并集成其技术领先优势和供应链整合能力,新近的创新产品包括:(1)CTP 3.0 麒麟电池,通过多功能弹性夹层、大面水冷、一体化能量单元等技术革新,实现安全、效率、低温性能以及使用寿命的全面提升,电池能量密度达 255 Wh/kg,体积利用率提升至 72%,可实现整车超 1 000 公里续航;(2)EnerOne 户外液冷储能电柜,循环寿命可达 10 000次,并能适应零下 30 ℃到零下 55 ℃的低温环境,开辟更多新能源存储的应用场景。

(二)构建绿色行业生态

宁德时代坚持产品与服务的全生命周期降碳理念,在以下四个方面谋求提升。第一,产品生命周期评价,参考 ISO 14044、ISO 14067、欧盟

《产品环境足迹类别规则》等标准自行搭建产品碳足迹分析模型。第二，广泛开展 CREDIT 价值链可持续透明度审核计划，积极推动绿色原材料、物流电动化、电池定向循环等解决方案在价值链不同层级的落地。第三，对核心供应商提出量化的可持续发展绩效目标，包括绿电使用比例、循环材料使用比例、碳排放强度以及单位产品能耗强度等，并通过自身的可持续发展委员会，或邀请第三方专业机构，面向所有核心供应商开展可持续发展培训辅导工作。第四，入选全球电池联盟（Global Battery Alliance，GBA），深度参与全球碳足迹、ESG、电池护照等规则的制定，参与国内《动力锂离子蓄电池制造业绿色工厂评价要求》（T/CESA 1080—2020）等标准的制定。

专栏 7.1 全球电池联盟启动电池护照的概念验证

全球电池联盟是一个由 100 多家参与电动汽车电池供应链的公司组成的行业组织，成员包括矿业公司嘉能可（Glencore）、汽车制造商特斯拉和电池制造商 LG 等，目标是"到 2030 年协助打造一条可持续的电池价值链"。宁德时代于 2022 年 11 月 24 日宣布入选全球电池联盟新一任董事会，任期为 2023 年 4 月至 2024 年 12 月。宁德时代是唯一入选该联盟董事会的中国企业。

全球电池联盟在网站上详述了电池护照将包含哪些内容：

1. 一个全球报告框架。该框架用于管理整个电池价值链的 ESG 参数测量、审计和报告的规则。

2. 电池的数字 ID。电池数字 ID 包含关于 ESG 性能、制造历史和来源的数据和描述，以及延长电池寿命和实现回收的描述。

3. 统一整个价值链的数字系统，将数据上报至电池护照。

4. 一个数字平台。该平台将在所有授权的生命周期利益相关者之间收集、交换、整理和报告数据,以推进电动汽车和固定电池的可持续价值链,并将清晰地报告电池价值链上全球目标的进展情况,为政府和民间社会的决策提供信息,并制定绩效基准。

5. 电池的质量标签(基于上报平台的数据评定)。

资料来源:特斯拉携行业开发"电池护照",溯源电池材料,https://www.sohu.com/a/611945441_526255。

(三)商业模式创新

一方面,形成从原材料、电池制造、运营服务、材料回收等环节的电池生态链,诸如 EVOGO 换电服务,基于 CTP 和电池管理系统(Battery Management System,BMS)技术,通过新能源高效、灵活、安全的使用和补充助力"车电分离",进一步拓宽新能源汽车的可及性。另一方面,以"职业经理人"的身份进入海外,与国外车企合资建厂锁定产能、加强深度绑定。

专栏7.2 宁德时代发布换电服务品牌 EVOGO 打造组合换电整体解决方案

时代电服是宁德时代全资子公司,致力于为用户提供便捷可靠的移动电能解决方案和服务。组合换电整体解决方案由"换电块、快换站、App"三大产品共同构成,并赋予其一电多车、按需租电、可充可换三大特点。有别于传统换电模式,EVOGO 实现了两个"一电多车"全适配场景。"巧克力换电块"可以适用于大部分纯电平台开发的乘用车以及物流车。换电站可以适配使用"巧克力换电块"的各品牌车型,打通了电池与车型的适配壁垒,实现换电车型的选择自由。

消费者可以"按需租电",根据自身的使用场景与习惯,自由选择租用换电块的数量。当前,大部分私家车主在日常使用场景中,仅会用到电池电量的 10%—20%,却为了缓解里程焦虑和补能焦虑,不得不购买大电量的车型,付出了大量的沉没成本。通过"按需租电",消费者在日常市内通勤,只需租用一个电块。如果要长途出行,则可以选择两个或三个电块,真正做到可增可减,实现用电自由。

资料来源:宁德时代,https://www.catl.com/news/6286.html。

宁德时代为实现高质量发展,不断创新经营模式。例如,宁德时代最近通过技术提成方式与福特合资发展,而不是通过参与投资的方式建厂。这种轻资产投资方式虽然无法获得直接收益,但是不仅规避了美国对中国企业的限制,降低了政治因素未来可能对营商环境造成的风险,还有助于企业通过提供电池技术专利许可和制造来获取利润。

(四) 智慧工厂建设

基于风光水等可再生能源的高效电力系统,以电动化与智能化为核心,宁德时代在能源利用、交通和物流、生产制造等环节不断改造和创新,提高生产效率和可持续发展水平。第一,全面推进 CFMS 智慧厂房管理系统,实现各生产工序及设施系统能耗实时管控、预警、分项统计、趋势分析及预测;第二,"全球灯塔网络"(Global Lighthouse Network,GLN)是由世界经济论坛(WEF)主导、由全球领先生产工厂和价值链组成的社区,其成员在采用并整合第四次工业革命各项先进技术方面发挥领导作用,宁德时代包揽全球锂电行业的 2 座灯塔工厂,为电池生产制造环节和碳中和提供可借鉴样本(表 7.11),助推新能源产业链零碳转型。第三,广泛运用顶尖智能制造技术(包括大数据、云计算、数字孪生、边缘计算、射频技术、5G 等),打造以数据为核心的、多平台多系统深度交互的智能化和信息化融合体系,为极限制造体系架构注入新动能。

表 7.11 宁德时代灯塔工厂关键技术与构成

关键技术		应用场景
绿色能源管理技术	全域设备监控	实现全域厂房设备 100% 在线监控和智能参数寻优,优化能源使用效率
	无人智能巡检	通过仿生可视化巡检替代人工巡检,提升效率
智能生产管理技术	5G 智慧涂布	自主研发涂布重量一致性自动调节系统,实现箔材涂覆微米级和毫克级的精准调控、设备精准投料
	高自动化 PACK 拉线	利用仿真技术和虚拟调试技术提升
	设计自动化程度	通过热熔自攻螺接工艺、工业机器人等实现近 70% 作业人力的减少及工时效率的大幅提升
	虚拟化设备调试	将数字孪生技术应用于设备虚拟调试、工艺验证等业务,实现新拉线安装调试周期缩短 46.7%
极限质量管理技术	缺陷检测三大突破	实现关键焊接工位的高精度缺陷检测、复杂工况下卷绕缺陷检测、高速流体状态下前工序缺陷检测三大突破,提升检测效率、避免生产端浪费
精准安全管理技术	自动化违规识别	利用视频流等技术打破网络、系统之间的屏障;通过视频实时成像,自动识别并智能标注生产过程中的违规操作,避免生产端意外带来的风险和损失
	场景化安全防护	针对不同生产场景定制安全防护解决方案,如通过将红外热成像与其他技术结合,实现仓库电芯集中温度监控、关键高温工序电芯温度监控,提升生产安全性和稳定性

资料来源:宁德时代新能源科技股份有限公司:《2022 年环境、社会与公司治理(ESG)报告》,2023 年 3 月。

(五) 下游电池回收

宁德时代努力打通从原材料、电池制造、运营服务到材料回收全产业链环节。早在 2015 年,宁德时代就通过对邦普循环的收购,顺势切入了动力电池产品梯次利用及回收产业链,成功构建起"电池生产—使用—梯次利用—回收与资源再生"的产业闭环,进而为企业提高对上游原材料商的议价能力、降低动力电池生产成本创造了空间。此外,宁德时代与巴斯夫宣布在电池材料解决方案领域内建立战略伙伴关系,双方合作聚焦正极活性材料和电池回收,有望形成欧洲本土化的电池回收网络。以邦普为例,对镍钴锰以及锂的回收利用率都达到了90%以上。预计到2035年,对退役电池材料的循环利用可以满足大部分的市场需求。

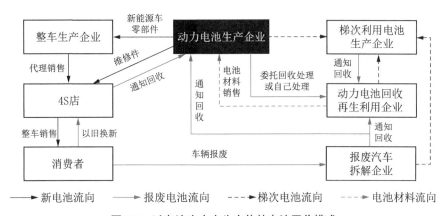

图 7.1　以电池生产商为主体的电池回收模式

资料来源:奇偶派:《首批动力电池已达退役年限,回收需求逐年走高》,2022 年 10 月 17 日,https://libattery.ofweek.com/2022-10/ART-36007-8420-30576545_2.html。

第八章
后发追赶汽车制造企业的关键策略研究

中国汽车行业一个重要特征就是产业集群式的抱团发展,已形成泛京津冀产业集群、长三角产业集群、泛珠三角产业集群、西部产业集群、中部产业集群和东北地区产业集群等六大集群区域。吉利和比亚迪被认为是后发技术追赶的典型案例,前者基于海外跨国并购,后者则基于行业机会窗口,实现从知识外围区域逐渐攀升至核心区域,并实现各个空间尺度创新合作的耦合。

第一节 吉利集团发展策略研究

一、起源与发展概况

吉利根植于以台州机械制造为特色的本土文化,于 1997 年进入汽车制造行业,是中国第一家民营车企。凭借着在汽车领域的不断深耕,吉利逐步经历了业务初创阶段、快速扩张阶段与全球化布局、转型升级三个阶段。

第一阶段(1986—2004 年):吉利始建于 1986 年,集团创始人李书福以冰箱配件为起点(名为北极花冰箱厂);1989 年,因政策变动导致工厂濒临破产;1990 年转产高档装潢材料,研制出第一张中国造镁铝曲板;1992 年李书福重金收购浙江临海一家国有邮政摩托车厂、获取生产许可权,并于1994 年进军摩托车行业,推出中国第一辆豪华型踏板式摩托车;1997 年,在浙江台州临海筹建了吉利第一个汽车生产厂,1998 年推出首款车型"吉利豪情",2002 年,吉利首款轿车"自由舰"面市。直到 2004 年,吉利于香港交易所上市。

第二阶段(2005—2014 年):2005 年起,吉利陆续推出华普海域、优利欧等较高价车型,并于 2007 年开始扩充高档轿车生产及重大投资项目;2010 年,吉利全资收购了沃尔沃,全球研发体系逐渐成型,销量和营收实现跨越式增长,并入选《财富》杂志"2012 年财富世界 500 强"榜单。

第三阶段(2015 年至今):为了将竞争优势由价格竞争转型为技术领先,吉利陆续推出多款 SUV 车型,并设立领克品牌;2019 年,吉利发布纯电品牌"几何";2020 年 6 月,吉利宣布进入科技 4.0 时代,转向全面架构造车;2021 年 10 月,"智能吉利 2025"战略正式发布,持续推动吉利加速向新四化时代转型,构建吉利在新能源、自动驾驶、智能网联、智能座舱等核心技术领域的全栈自研生态体系,将吉利打造成为科技引领型全球汽车企业。目前,吉利业务涵盖乘用车、商用车、出行服务、数字科技、金融服务、教育等,旗下拥有吉利、领克、极氪、几何、沃尔沃、极星、路特斯、英伦电动汽车、曹操出行等品牌(表 8.1)。

从 2020 年到 2022 年中国汽车的销量分别为 2 531 万辆、2 627 万辆和2 686 万辆,吉利占比分别为 5.22%、5.06%、5.33%,2022 年吉利实现累计总销量 143.3 万辆,营业收入 1 480 亿元,创历史新高(表 8.2)。

表 8.1　吉利旗下业务与公司

业　务	主 要 产 品
乘用车	吉利汽车(几何、领克、宝腾、知豆、枫叶、睿蓝)、极氪、英伦电动汽车、沃尔沃汽车(极星)、力帆科技(睿蓝汽车)、极越、路特斯汽车(莲花汽车)、雷诺三星汽车、司麦特、阿斯顿·马丁
商用车	远程商用车、雷达汽车、汉马科技、欧铃汽车
摩托	钱江摩托(贝纳利)、力帆摩托
通用航空	太力飞行汽车、傲势科技
商业航天	时空道宇、星空智联、上合航天
出行	曹操专车
材料	吉利百矿、铭岛铝业
新能源科技	聚能互联、易易换电、常青新能源
智能科技	新纪时代(魅族科技)、亿咖通
铭泰集团	铭泰教育、铭泰体育、铭泰文旅
教育事业	吉利学院、三亚学院、三亚理工职业学院、湘潭理工学院、湖南吉利汽车职业学院、浙江汽车职业学院

表 8.2　2013—2022 年中国自主品牌汽车销量走势(单位:万辆)

年份	吉利	奇瑞	长安	比亚迪	长城
2013	54.93	44.39	51.54	50.61	62.74
2014	42.57	46.04	71.02	43.88	61.24
2015	53.85	45.88	93.79	45.41	75.32
2016	79.91	53.99	114.98	49.43	96.88
2017	124.80	55.21	106.27	40.96	95.03
2018	150.08	54.04	85.93	50.20	91.50
2019	136.15	60.56	80.32	45.33	91.14
2020	132.02	63.26	97.55	42.05	88.66
2021	132.8	86.53	119.33	73.48	104.79
2022	143.2	114.8	137.8	186.2	88

资料来源:搜狐网《说淦就干》,2023 年 5 月 4 日,https://news.sohu.com/a/672655644_122189。

目前,吉利形成宁波杭州湾研究总院、瑞典哥德堡研发中心(CEVT)、英国考文垂研发中心、杭州研发中心、德国法兰克福研发中心等五大研发中心和五大设计中心,共有 36 家整车工厂,国内整车工厂 30 家(表 8.3)、国外整车厂 6 家(沃尔沃瑞典哥德堡整车工厂、沃尔沃比利时根特工厂、沃尔沃美国南卡罗来纳整车工厂、英伦电动汽车考文垂整车工厂、路特斯英国海瑟尔跑车工厂和吉利汽车白俄罗斯鲍里索夫工厂)。

表 8.3　吉利国内整车工厂信息汇总

名　称	主要信息
西安工厂	生产吉利星越 L,全球首个全架构、全能源、全车系超级智能黑灯工厂
宝鸡工厂	生产吉利博越、吉利银河,2023 年 4 月 24 日,全球第一辆吉利银河 L7 在吉利汽车宝鸡工厂正式下线,标志着吉利品牌"全面向新"再次迈上新台阶
钱塘制造基地(浙江杭州)	生产睿蓝 60S、几何 E、ICON 巧克力等,集智能工厂、智能生产和智能物流于一体的现代化汽车制造工厂,也是目前吉利最先进的整车制造工厂之一
杭州湾第二制造基地(宁波慈溪)	生产星瑞、星越、星越 PHEV,首个 CMA 架构工厂,这里诞生过一台明星车型——吉利星越
春晓工厂(宁波北仑)	生产吉利博瑞、博瑞 GEPHEV、博越等,建于 2011 年,2014 年正式下线投产
领克余姚工厂(宁波余姚)	生产领克 05,领克 01,占地面积约 1 174 亩,建筑面积达 34.5 万平方米,总投资超百亿元
临海工厂(台州临海)	生产帝豪 GL、帝豪 GLPHEV、帝豪 GS 等,吉利最早的工厂,吉利第一辆轿车豪情一号就是在这个工厂下线的
吉利湘潭工厂	变速器、发动机等主要汽车部件的研发生产基地,布局在中南地区的唯一战略生产基地
成都工厂(成都龙泉驿)	生产枫叶 60s、全球鹰 GX7、英伦 SX7,占地面积 800 余亩,建筑面积 15 万平方米
晋中工厂(山西晋中)	生产 Apro 纯电动汽车、几何 C 纯电动汽车、几何功夫牛、帝豪 EVpro、国六版甲醇汽车及新款混动甲醇汽车 SS11,山西省唯一的乘用车生产企业,拥有乘用车、商用车生产资质

续表

名　称	主要信息
领克张家口工厂	生产沃尔沃的 4 款车型,基于 CMA 模块化架构的各种车型
吉利贵阳工厂	生产首款 MPV 嘉际、首款插混 MPV 嘉际 PHEV、帝豪甲醇车等车型,吉利重要的新能源及传统汽车生产基地之一
湖州长兴工厂	集合了研发、生产、物流、销售全价值链统一的智能数据平台,首批"5G＋工业互联网"示范工厂,也是浙江省"未来工厂"的试点项目
领克梅山工厂(宁波北仑)	基于 SPA 平台打造的领克 09 等车型,世界一流的生产制造水准与品控体系,采用高度智能化的生产线,以先进工艺和严苛制造标准生产
吉利济南工厂	生产 EC8,占地面积 725 亩,总建筑面积约 36 万平方米
吉利高端新能源整车(重庆)生产基地	生产 Polestar 极星高端新能源汽车,总建筑面积为 13.4 万平方米
领克成都工厂(成都龙泉驿)	生产领克 06,建于 2018 年,投产于 2020 年,分两期建设
极星成都工厂(成都双流)	生产极星 Polestar 1,2019 年 8 月 27 日,极星(Polestar)成都生产基地正式投入量产
睿蓝汽车重庆工厂(重庆北碚)	生产枫叶 60 s,吉利收购的力帆汽车的工厂
沃尔沃成都工厂	生产 XC60,是沃尔沃第一个中国工厂,也是第一个欧洲以外的沃尔沃完整工厂
沃尔沃大庆工厂	生产沃尔沃 S90、沃尔沃 S60,沃尔沃汽车在华三家整车制造基地之一,是沃尔沃汽车在中国布局的首个可扩展模块架构工厂,也是沃尔沃汽车全球生产体系内最新、最先进的生产制造基地之一
沃尔沃路桥工厂(台州路桥滨海)	生产沃尔沃 XC40、XC40 Recharge 纯电动汽车等,构建了"智能设备""智慧供应链""大数据智脑"三位一体的电动汽车智能制造体系。通过持续优化智能化车间建设,沃尔沃汽车台州工厂智能水平已达到 93%
吉利商用车南充工厂	吉利新能源商用车的全球四大基地之一
吉利上饶工厂	全球规模最大、智能化程度最高的商用车基地,项目总投资 146 亿元,占地面积 1 178 亩,是集新一代智能化商用车研发、制造和销售为一体的生产基地

续表

名　　称	主要信息
吉利商用车淄博基地	正式收购唐骏汽车，并改建成山东淄博基地，为浙江吉利新能源商用车集团旗下六大制造基地之一
汉马科技新能源重卡马鞍山基地	吉利新能源商用车的轻量化工程车产品和 G2 平台产品
吉利商用车湖州工厂	建筑面积 96 473 平方米，厂区内拥有涂装、检测和改装等车间，目前有 4 款车型在工信部道路车辆目录内，具备新能源整车生产的硬件条件
英伦电动汽车整车工厂	2018 年 12 月 25 日，第一台新能源整车 TX5 正式下线，主要生产车型：TX5 系列新能源乘用车、新能源物流运输车、轻型商务车、高端豪华商务车、高端行政商务车及皮卡
路特斯集团整车工厂	全球首家全工序采用 3D 数字孪生技术来进行规划、设计和建设的工厂
极氪智能科技整车工厂	主要生产极氪 001

资料来源：汽车网《史上最全！吉利汽车：全球 36 家整车制造工厂一览》，2023 年 5 月 31 日，https://auto.vogel.com.cn/c1296380.shtml。

二、核心策略

（一）技术获取型跨国并购

根据王秋玉（2018）的研究，中国企业跨国并购一般需要经过四个阶段（图 8.1）：第一阶段，根据企业自身所缺创新资源，精选并购对象，并在同等条件下，优先选择合作关系企业；第二阶段，包括人才交流、联合研发活动缓慢启动在内的弱整合，大体保持企业创新网络的规模和结构稳定；第三阶段，以中国跨国集团公司为主体、以研发联合中心、生产基地、销售基地等为辅助的全球创新网络初具雏形，并购双方之间的技术转移和创新互动渐趋紧密，创新能力稳步提升；第四阶段，全球—地方企业创新网络发育成熟，研发中心一般位于企业总部或被并购企业所在的发达地区，而生产基地多位于成本较低的欠发达地区,销售基地多位于发达的重要市场。

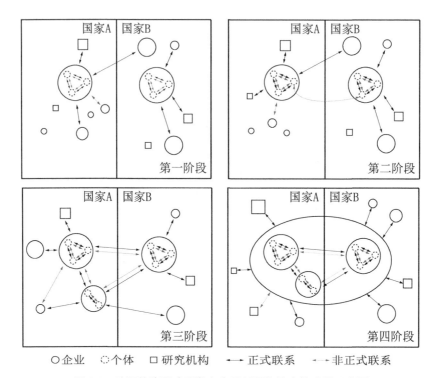

图 8.1 跨国并购驱动后发企业创新网络演变的阶段示意图

资料来源:王秋玉:《跨国并购对全球—地方创新网络的影响研究》,华东师范大学博士论文,2018 年。

如前所述,吉利发展过程中发生了数次并购,特别是吉利入主沃尔沃,弥补了并购之前核心技术缺失的劣势,掌握了相关的核心技术,并通过研发下一代技术,在一定程度上掌握了技术的主动权。通过此举吉利得以摆脱低质低价的怪圈而走向"技术吉利""品质吉利",搭载 DSI 变速器的车型帝豪 EC7 多次蝉联自主品牌 A 级车销量冠军(吴先明和苏志文,2014)。

吉利最初只是一个本地的汽车制造商,经过全球化布局,特别是吸收了沃尔沃八九十年的造车体系及创新知识之后,逐渐变成全球化的品牌,并快速培养出自己民族造车的能力。吉利汽车的转型升级还推动了台州本地甚至国家汽车制造业的发展。吉利作为一级供应商,为全球范围的客户提供动力总成系统,尤其是电驱系统,不断拓展欧美市场的同时,对本地的需求量也减少。台州汽车产业最初基于给吉利配套的产业链关系逐渐兴起,到后期借着吉利发展的"东风"不断壮大。而吉利汽车研究院这一平台培养了六千多名工程师,后来逐渐分散到各种初创、新势力造车企业,理想、长安、长城都有吉利工程师的身影,对整个中国汽车制造业的发展都有至关重要的作用。

(二) 吉利行动计划

2015 年年初,基于全球汽车产业变革及应用环境变化,吉利提出了两个蓝色吉利行动计划,分别为主攻智能化的节能与新能源汽车、主攻智能化的纯电动汽车,计划目标是到 2020 年,吉利新能源汽车销量将占总销量的90％以上,插电式混合动力车型和油电混合动力车型的销量占新能源车销量的 65％,纯电动汽车销量占新能源车销量的 35％。然而遗憾的是,2020年吉利汽车销量为 132 万辆,其中新能源车型总销量为 6.81 万辆,下滑近40％,与 90％销量占目标的比例相去甚远。

在此背景下,2021 年 2 月,吉利调整策略推出了全新的蓝色行动计划2.0 版本,其核心要义是:从燃料时代到智能时代,还需要一个过程,吉利推行燃料汽车＋智能电动汽车两条策略,并包括如下战略目标:其一是电气化之路并不局限于纯电动汽车,而是拓展了不同的动力技术路线,主攻节能与新能源汽车,混合动力、插电混合动力、增程式插电混合动力汽车及小排量节能汽车,其中 90％是新能源混合动力汽车,10％左右是传统节能小排量汽车;其二是要组建全新的纯电动汽车公司,主攻纯电动智能汽车,持续加强在动力电池产业链的布局,覆盖原材料、电芯、模组、电池包、电池回收及电池租赁等领域(表 8.4)。

表 8.4　吉利电动化布局发展情况

领　域	日期(年)	项　　目
电池包集成	2013	成立全资子公司威睿电动汽车技术(苏州)有限公司
	2017	成立威睿电动汽车技术(宁波)有限公司
电芯	2014	间接控股山东衡远
	2015	设立浙江衡远新能源
	2018	设立湖北吉利衡远新能源
动力电池	2018	与宁德时代成立合资公司,从事电芯、电池模组及电池包研发、制造及销售
	2019	与LG化学成立合资公司,从事动力电池相关的应用研发、制造、销售、售后服务等业务
	2020	吉利科技与孚能科技成立合资公司,专注于动力电池产能建设,包括电芯、电池模组及电池包研发、制造及销售等,规划建设年产120 GWh的动力电池工厂
	2021	与欣旺达成立合营公司,以从事开发、生产及销售混合动力电池电芯、电池模组与电池包
电池回收	2018	与杉杉股份、紫金矿业共同成立福建常青
电池租赁	2020	间接控股阳光铭岛能源科技有限公司

2021年10月31日,"智能吉利2025"战略面世,吉利围绕"一网三体系"(表8.5),其中"一网"是指"智能科技生态网",即吉利拥有卫星通信和定位、高精地图和导航、汽车芯片软硬件全栈自研能力。三体系是指智能能源、智能制造、智能服务。新目标是在5年内将推出25款以上全新智能新能源产品;2025年实现汽车总销量365万辆(海外销量达到60万辆),其中新能源整体销量占比超过40%;研发重点包括:车型平台及电子电气架构、自研芯片与操作系统、配件端的应用开发、场景应用和后端市场。

(三) 数据化网络与运营体系

围绕大出行,吉利通过一系列举措加速向智能时代转型,吉利汽车全面

表 8.5 "智能吉利 2025"战略要点

关 键	构 成
智能科技 生态网	四大整车平台＋2025 实现中央集成式电子电气架构
	围绕芯片、操作系统、技术数据和卫星网，搭建全栈自研体系
	自研 7 nm 智能座舱芯片量产装车
	"端到端"一体的整车软件用户体验
智能能源	实现混动技术性能领先
	基于专属换电架构的吉利全新换电出行产品，到 2025 年会陆续上市 5 款可换电的智能纯电产品；计划到 2025 年布局 5 000 座这样的"极速换电站"，覆盖 100 个核心城市，满足 100 万辆车的换电需求
	深耕甲醇汽车技术，到 2025 年，百公里醇耗将降到 7.6 L
	量产高功率电机与碳化硅功率芯片
智能制造	打造工业互联网平台——Geega；预计 2025 年前建成至少 3 家零碳工厂
智能服务	实现 100％用户数字化服务，100％用户直联，创造全链路、更贴心的用户服务生态；实现超 2 000 家数字化智慧门店，APP 用户规模超 1 000 万，与用户无缝交互，精准快速捕捉用户体验反馈，确保 24 小时内 100％用户意见的反馈，每个季度实现至少 1—2 次整车 OTA 升级

迈入"4.0 全面架构体系造车时代"。具体来说，吉利的信息化历程主要包括三个阶段（表 8.6），并逐步完成价值链垂直整合、业务在线化、数据平台化和数据业务化的建构：①将消费者、供应链、经销商、服务店等全价值链的业务进行整合，除生产外的所有业务流程及信息处理都通过云上系统来实现；②传统汽车业务中的线下流程，如各种信息收集表、反馈表、维修单等全部实现"线上化"与"电子化"，通过互联网营销服务平台统一生成、实时记录，保障业务数据的高质量和时效性；③从客户与 4S 店员工手中的移动端 App、电子商城、品牌微社群等，多渠道汇总数据，形成"统一数据平台"，作为企业数据资产、高效策略分析的重要基础；与阿里巴巴"One Data"战略相同，新系统秉承"One Database"理念，不同业务应用都使用统一数据模型，

避免"烟囱式应用"带来的数据孤岛互联互通难的传统架构问题;④通过数据持续积累和系统长期运营,动态增长的业务数据资源不仅直接帮助吉利集团进行销售漏斗分析、业务洞察,还能够服务于集团新产品研发、车联网业务等新兴业务。

表 8.6　吉利信息化发展历程

发展阶段	主要特征
"1.0 阶段"信息系统的建立及规范化	业务形态不成熟;部署的系统相对比较零散;2002 年引入 ERP 系统
"2.0 阶段"系统整合和业务流程自动化	引入 MES、PLM、DMS、CPC、质量管理等专业化业务应用系统
"3.0 阶段"协同创新和数字化转型	云计算、大数据、车联网、人工智能等领先技术的引入;吉利携手阿里云、数梦工场,共同完成"新互联营销服务平台"的架构设计与落地实施

资料来源:田丰:《吉利汽车:数字化转型从上云开始》,2017 年 3 月 28 日,https://developer.aliyun.com/article/72813。

(四) 碳盘查识别和零碳工厂

为实现 2045 年全链路碳中和的总体目标,吉利控股构建了"一个目标引领、两大能源驱动、三大碳中和场景、四大零碳路径"的碳中和总体战略路径。将通过绿色电力＋绿色甲醇两大能源驱动,绿色低碳与能源安全双保险,为碳中和奠定基础;将聚焦在碳中和车型、碳中和出行服务、碳中和物流三大碳中和场景,助力全社会碳中和目标的实现,特别是在吉碳云和零碳工厂两个维度,吉利在国内处于领先水平。

一方面,吉碳云产品碳足迹系统涵盖了产品建模、碳排放核算、统计分析、数据库管理等功能,可实现简便、高效、精准的一站式产品碳足迹核算及分析,一键导出核查报告,响应商品出口等场景下的合规需求。平台模块包括六大应用平台、五步实现碳中和(表 8.7)。截至 2022 年底,吉碳云已应用于吉利控股集团各下属业务单位、生产基地,帮助吉利76个主体核算组织层面碳排放,为吉利体系100多款车型、上千个零部件核算碳足迹,在产业链上游1 500余家供应商落地应用,年管理碳排放超1亿吨。

表8.7　吉利云平台构成

维　度	构　　成
应用平台	EMS能源管理(能源监控、能源分析、能效分析)、碳目标与绩效(目标设定、指标管理、绩效评价)、碳盘查与监测(盘查任务、数据填报、排放源管理)、碳普惠与运营(碳账户、证书服务、运营服务)、碳足迹核算(产品建模、供应链追溯、因子库管理)、碳资产开发与管理(方法学管理、资产登记、碳交易)
应用步骤	摸清家底、制定碳目标、执行碳减排(碳核算标准与体系建设、排放源与排放因子智能关联、碳排放碳资产数据一体化)、评价碳绩效、实现碳中和

资料来源:吉碳云:《吉碳云平台架构》,2023年9月,https://carbon.geely.com/。

另一方面,得益于吉利汽车在生产端、技术端、管理端、产品端、回收端节能减排工作的全面布局,吉利汽车西安工厂和宝鸡工厂获得钛和认证颁发的I型零碳工厂五星级证书,成为国内整车企业唯二的两个零碳工厂。具体来说:(1)生产端,通过建设光伏电站+采购国际绿证I-REC的模式;(2)技术端,采用效率高能耗低的设备,并监测主要设备的经济运行参数;积极探索技术节能措施,充分利用余热余压,提升能源效率;(3)管理端,通过能源管理体系建立,将技术改造和管理节能结合起来;(4)产品端,吉利汽车构建起包括纯电动、混动、甲醇、换电等在内的多元化新能源技术路径,提升能源使用效率,不断降低使用阶段碳排放;(5)回收端,探索材料循环利用,推动循环经济和材料端碳减排。

(五)"大而全"的生态圈

吉利在智能驾驶、智能网联、智能座舱、低轨卫星、车载芯片等技术方面进行全域布局,融合卫星互联网与5G,通过智能手机、车联网、卫星互联网的三者连接,构筑起全新的商业生态。第一,"天地一体化"的进化体系,其目标是2023年发射两轨共18颗卫星,预计到2025年,完成72颗低轨道卫星组网,帮助吉利汽车实现全球无盲区的定位能力。第二,2022年7月完成对魅族的收购后,实现手机能连接车联网、卫星互联网,打造丰富的消费场景,做强生态圈,为用户提供更便捷、更智能化、万物互联的多屏互动生活体验。未来智能汽车、智能手机两个行业是面向共同用户的多终端、全场景、沉浸式体验的一体融合关系,最终都是为了创造更好的用户体验。

第二节　比亚迪集团发展策略研究

一、起源与发展概况

1995年2月,比亚迪股份有限公司在深圳坪山区成立,最初是一家电池制造商,后来逐步扩展业务至汽车制造、新能源领域以及其他相关产业(表8.8),2022年,比亚迪员工人数57万人,研发人员数量达到69 697人,占比12.23%,营收4 241亿,净利润166.22亿,同比暴涨445.86%,新能源汽车市占率高达27%,同比增长近10个百分点;同时,比亚迪也摆脱了毛利率低的怪圈,2022年即便是碳酸锂价格飙涨,其汽车业务毛利率也达到了20.39%,逐渐向特斯拉的26.2%逼近,进而比亚迪以1 292.3亿美元的市值超越德国大众汽车成为第二大国际车厂,仅次于特斯拉和丰田,也是唯一在前十名中的中国汽车公司(张懿,2022)。

目前,比亚迪业务主要涉及三大板块,包含汽车业务、手机部件及组装

表 8.8 比亚迪重要事件一览表

时 间	事 件
1995 年	王传福在深圳龙岗创建比亚迪实业公司,起初以生产镍镉电池、镍氢电池为主
1996 年	比亚迪正式进入锂电池行业
1997 年	在全球镍镉电池的市场份额中占据第四位;开始探索人工在洁净箱内制造锂电池
1998 年	量产锂离子电池
2000 年	成为摩托罗拉的锂离子电池供应商
2002 年	成为诺基亚首个中国锂离子电池供应商;股份制改组,并于 7 月在香港联合交易所主板上市;进入电子代工行业
2003 年	收购西安秦川汽车,更名比亚迪汽车,正式进入汽车行业
2004 年	展出了其第一辆电动汽车
2005 年	第一款自主品牌轿车比亚迪 F3 上市;又研制出首款纯电动出租车比亚迪 e6、首款纯电动大巴比亚迪 K9
2006 年	第一款 F3e 电动车研发成功,搭载磷酸铁锂电池。电动机、减速器、电池组件以及控制系统全部自行研发自行生产
2008 年	伯克希尔·哈撒韦公司旗下的中美能源控股公司宣布,斥资 2.3 亿美元入股比亚迪,占 10% 的股份
2009 年	比亚迪首次在销量上超过奇瑞,成为中国汽车销量最高的自主汽车品牌
2010 年	四川成都、湖南、山东等一些比亚迪汽车经销商陆续退出了比亚迪的销售网络
2011 年	A 股上市
2012 年	电动车 e6 率先成为深圳出租车
2013 年	推出思锐、秦和比亚迪 S7
2016 年	发布自行研发的全电动单轨轨道交通系统"云轨",进军城市轨道交通行业;推出小运量有轨电车系统"云巴"
2019 年	全球设计中心"黑水晶"落成
2022 年	超越德国大众,成为继特斯拉和丰田之后,第三大国际车厂

业务、二次电池及光伏业务。分业务来看,汽车和电池板块催生上中下游全产业链布局形成,并配有两大销售网(王朝网和海洋网),两大技术平台(DM平台及E平台)。2018年,公司新能源汽车销量稳步上升,此后在行业同质化竞争及补贴退坡等影响下,销量回落;进入2021年,在新能源汽车消费政策利好、智能驾驶技术革新,以及产品认可度普遍提升的多重因素共振下,新能源汽车渗透率加速提升,公司凭借雄厚技术优势及行业领先地位实现销量同比增长218.30%;2022年起,王朝系列、海洋系列全面进化升级,使新能源汽车营收同比增长151.78%。

作为一家在全球范围内运营的公司,比亚迪已在全球设立30多个工业园,以及在广东深圳、陕西西安、湖南长沙、江苏常州、安徽合肥、江西抚州、山东济南、河南郑州、湖北襄阳等九座城市设有产业基地(表8.9),在整车制造、模具研发、车型开发等方面已达到国际领先水平。

表8.9　比亚迪全国工厂分部信息汇总

工厂名称	具体信息
深圳总厂	占地面积230万平方米,年产能35万辆,比亚迪唐、汉家族车型
西安第二工厂	占地面积261万平方米,包括草堂和集贤园两个工业园;年产能90万,四期2023年6月份建成,总产能预计140万辆;比亚迪秦、宋家族
长沙第三工厂	占地面积180万平方米,年产能30万辆;海豚、驱逐舰05、宋MAX dmi
常州第四工厂	占地面积200万平方米,年产能40万辆,比亚迪元PLUS、海豹以及海狮等车型
合肥第五工厂	占地面积12 000亩,约800万平方米,一期2022年6月投产,年产能15万辆,二期预计2023年3月投产,总年产能增至30万辆;整车+高端零部件(秦PLUS DMI/驱逐舰05)
抚州第六工厂	占地面积200万平方米,年产能20万辆,整车、弗迪电池,主力生产元、e2、e3、EQ等系列车型

续表

工厂名称	具体信息
济南第七工厂	占地面积 4 000 亩,约 267 万平方米;年产能 30 万辆;整车,电池
郑州第八工厂	占地面积 4 104 亩,约 274 万平方米;年产能 40 万辆;新能源汽车加工厂;一期 2022 年 10 月投产,年产能 20 万辆,二期预计 2023 年 3 月投产,年产能增至 40 万辆
襄阳第九工厂	占地面积 1 300 亩,约 87 万平方米;预计 2023 年 5 月,16 条生产线全部投产;年产能 30 GWh,可满足 60 万辆整车装配;动力电池生产线及零部件、零碳园区、新能源汽车零部件等项目

资料来源:万有引力:《比亚迪工厂及产线情况》,2023 年 2 月 5 日,https://zhuanlan.zhihu.com/p/603048527。

2022 年 3 月比亚迪决定停售燃油车,混动和纯电车型占比相对均衡,以 2022 年新车销售数据为例,前者为 94.6 万辆,增长 250.3%;后者为 91.1 万辆,增长 184.6%。从各子品牌的销售情况来看,比亚迪宋系列是比亚迪的"头牌",全年总销量为 49 万辆,占总销量的 27%;秦系列、汉系列排在其后,总销量分别为 34.2 万辆、27.3 万辆,占比 19% 和 15%(表 8.10)。

表 8.10 2022 年比亚迪各车型销售情况

分 类 依 据		销 量	占 比
动力组成	混动	92.1 万辆	51%
	纯电	88 万辆	49%
车企网络	王朝网	144.9 万辆	80%
	海洋网	32 万辆	18%
价格区间	10 万元以下	2.8 万辆	1.53%
	10 万到 20 万元	129.1 万辆	71%
	20 万到 30 万元	47.6 万	26%
	30 万元以上	1.1 万辆	0.47%

续表

分 类 依 据		销 量	占 比
车型	轿车	95.8 万辆	53%
	SUV	82.5 万辆	46%
	MPV	2.3 万辆	1%
	宋系列	49 万辆	27%
	秦系列	34.2 万辆	19%
	汉系列	27.3 万辆	15%

二、核心策略

作为全球领先的新能源汽车制造商之一,比亚迪自 2022 年 3 月起停止燃油汽车的整车生产;推出光伏、储能、新能源汽车、云轨和云巴等一揽子绿色解决方案,同时不断挖掘企业自身的节能减排潜力,争做绿色制造的标杆企业,计划在 2022 年建成零碳园区,2050 年实现零碳排放。

(一) 电动化、智能化齐头并进

初入新能源汽车市场,比亚迪积极进行战略布局,着重耕耘电动化技术,率先在公共交通商用车领域推进电动化战略,经过积累和技术沉淀以及电动化爆发阶段后,加快电动化技术产品转化,同时以智能驾驶为智能化重要布局方向加速外部合作,实现双线并行发展(表 8.11)。一方面,在智能化方面,比亚迪不仅在车辆中应用了先进的驾驶辅助系统,还开发了自动驾驶技术,涵盖了从高级驾驶辅助系统(ADAS)到自动驾驶系统(ADS)的各个级别。比亚迪还在多个城市进行了自动驾驶车辆的路测,并计划在未来逐步推出商业化的自动驾驶解决方案。另一方面,在电动化方面,比亚迪推出了多款电动汽车产品,还建立了完整的电动汽车生态系统,包括电池生产、充电设施建设和电动车共享等。诸如,华为是比亚迪的战略合作伙伴,双方

表 8.11　比亚迪电动化智能化发展历程

阶　段	时间(年)	关键事件
电动化沉淀阶段	2003	进入汽车行业,布局新能源汽车
	2008	DM1.0 发布;F3DM 上市,率先实现电动车商业化
	2010	发布"城市公交电动化"战略,随后上升为国家战略;e6 在深圳投放运营,实现首批电动出租车投运
	2014	发布王朝系列首款车型秦 DM;发布"524"战略,从性能、安全、油耗三个维度重新定义汽车标准;与新加坡科技研究院通信研究院合作,研究自动驾驶和智能交通
	2015	发布"7+4"全市场战略;纯电大巴在巴西投入运营,商用车成功出海
电动化爆发阶段	2018	发布车规级 IGBT4.0 技术;发布 e 平台;DM3.6 发布;开放汽车智能开发平台;与百度、Apollo 合作开发比亚迪 L3 级别智能驾驶解决方案及 D++开放生态平台
	2019	发布腾势 X;与 AutoX 合作,共同开发无人驾驶车辆秦 Pro 开发者平台;与华为合作,共同研究汽车智能网联、智能驾驶、智慧云轨
	2020	比亚迪汉正式上市、正式发布刀片电池;推出 DM-i&p 双平台战略;推出自研辅助驾驶系统 DiPilot
电动化智能化并进阶段	2021	比亚迪乘用车出海,全球化战略持续提速;发布 DM-i 超级混动技术,推出秦、汉、唐等 DM-i 车型;发布 e 平台 3.0;与汽车智能芯片企业地平线达成合作;与 Momenta 合资成立迪派智行;与丹拿在智能座舱等方面达成合作;和一汽、红旗达成合作,为其提供刀片电池;提出"坚持插电混动车和纯电车两条腿走路"战略和坚持"磷酸铁锂"战略;发布基于 5G 的 DiLink4.0;与华为合作,DiLink 搭载 HUAWEI HiCar
	2022	和特斯拉达成合作,为其提供刀片电池;发布首款搭载 CTB 技术的车型海豹;宣布停产燃油车;与英伟达合作,比亚迪将在部分车型上搭载英伟达 DRIVE Hyperion 平台,实现智能驾驶和智能泊车;百度成为比亚迪智能驾驶供应商,提供行泊一体 ANP 智能产品和人机共驾地图;发布仰望品牌;发布腾势 D9;发布 DM-p 王者混动技术,推出唐、汉等 DM-p 车型;与地平线达成合作,比亚迪将在部分车型上搭载自动驾驶芯片征程,实现高级别自动驾驶功能

资料来源:亿欧智库:《2022 比亚迪新能源汽车战略布局研究报告》,2022 年 12 月 31 日。

在汽车智能网联、智能驾驶,以及智慧轨道交通、智慧园区等方面签署了战略合作;华为 HiCar、NFC 车钥匙进入到比亚迪 DinLink 生态场景,丰富了车机应用,实现了多设备的互联互通。

（二）产业链协同效应

比亚迪在电池原材料、新能源汽车三电系统、动力电池回收等上中下游,实行全产业链布局的策略,并具有较高的产业链韧性(图 8.2)。(1)在电

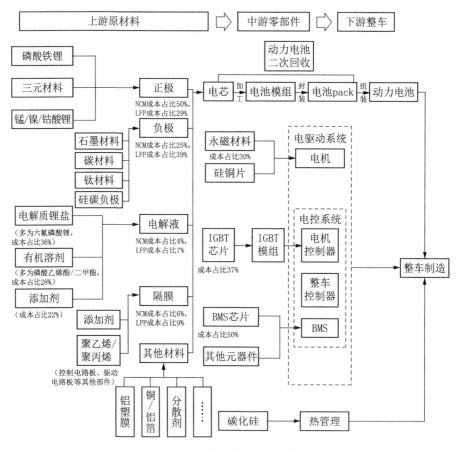

图 8.2　比亚迪产业链布局状况

资料来源:石金漫、杨策:《率先步入纯新能源纪元,单车利润拐点已至》,中国银河证券研究院,2022 年 5 月 22 日。

池材料供应链供应领域,公司从源头掌握包括锂、镍、钴等金属的采购渠道,特别是拥有青海盐湖及西藏盐湖的锂资源,涉足了电池和能源存储系统的生产。(2)中游零部件领域,是目前全球唯一掌握电池、电机、电控及车规级半导体等新能源汽车全产业链核心技术并提供一站式新能源整体解决方案的企业。(3)比亚迪在新能源汽车的整车制造方面具备强大的能力,拥有自己的汽车生产线和工厂,并能够自主设计、开发和制造电动汽车。(4)在充电设施建设和运营管理方面具备丰富经验,并与相关合作伙伴合作,形成完整的充电网络;与经销商和合作伙伴合作,在不同地区提供市场支持和售后服务。

(三)加快产业扩张步伐

2015 年,比亚迪正式发布新能源汽车"7＋4"全市场战略。"7"代表七大常规领域,即私家车、城市公交、出租车、道路客运、城市商品物流、城市建筑物流、环卫车;"4"代表四大特殊领域,即仓储、矿山、机场、港口领域。以此为基础,2021 年,比亚迪正式宣布了"乘用车出海"计划,加速了新能源乘用车在全球市场的扩张步伐。2022 年,比亚迪的新能源汽车陆续进入日本、德国、澳大利亚、巴西、新加坡、泰国等国家,累计出口 5.59 万辆,出海步伐进一步提速。

专栏 8.1　比亚迪"抄底"越南? 计划在越南造车,全球化进程再加速

2023 年 1—4 月,比亚迪海外销量约 5.36 万辆,已经接近 2022 年全年海外销量。除了产品出海之外,比亚迪也在加快海外建厂步伐。5 月 5 日,越南政府副总理陈红河在河内会见了比亚迪董事长王传福,就电动汽车相关内容进行谈判。媒体报道称,王传福希望越南为比亚迪完成投资程序提供"有利条件",进而可以在越南迅速投资电动汽车,并在当地和东南亚其他市场销售。此外,比亚迪还计划在当地建立供应链。

对比亚迪来说,想要成功打开东南亚市场,在泰国等地落地工厂,或许也要面对丰田等对手。不过在新能源汽车时代,比亚迪拥有足够的底气去挑战这些"拦路虎"。2023年一季度,比亚迪新能源车全球销量超55.2万辆,同比增长92.81%。据Cleantechnica统计,今年一季度比亚迪是全球电动车销量最高的品牌,而韩系车现代、起亚和日系车日产的电动车销量均不及比亚迪十分之一,分别为4.82万辆、4.75万辆和3.16万辆。

比亚迪的新能源汽车陆续进入日本、德国、澳大利亚、巴西、新加坡、泰国等国,并在美国、日本、韩国、法国、匈牙利、泰国等国拥有多个生产基地,首个海外乘用车工厂已于2022年9月正式落地泰国,快速积累相关经验并有望逐步推广至其他国家和地区,推动乘用车业务国际化。当前比亚迪出海战略已进入优质成长阶段,随着终端销售业务及产业链在海外进一步铺开,海外业务将对公司业绩作出重要贡献。

资料来源:安宇飞:《比亚迪"抄底"越南?计划在越南造车,全球化进程再加速》,《证券时报》2023年5月17日,https://www.hxny.com/nd-89557-0-17.html。

(四) 数字化设计流程

比亚迪极为重视企业的数字化进程,具体从以下方面展开:一是研发信息化。全产业链和创新链均有相应的信息化部署,可进行全过程指导和监控,如比亚迪全球设计中心,建立起全新的数字化设计流程,让创意数字化、模型数字化、验证数字化,引入虚拟现实评审系统,让美学判断更精确;新的油泥切削设备,可以实现白天设计师调整模型,晚上可加工经过优化的数据,让设计推敲、品质验证都非常高效;还有虚拟样车评审、硬膜仿真样车评审,通过全数字化的流程,让感性的设计与理性的品质高效结合,用技术驱动设计,用设计驱动品牌。二是生产数字化,打造电动车及核心零部件数字工厂,建立了平台化、透明化、柔性化整车生产线,以及全面自动化、信息化的零部件生产线。三是产品智能化,推出 DiLink 智能网联系统,开放汽车341 个传感器和 66 项控制权,行业首次实现了汽车业态从封闭走向开放。比亚迪还与美的打造"车家互联"的数字化系统,实现对智能家居的应用控制,在供应链信息化、智能制造、大数据分析等多方面开展交流合作。

第九章
中国汽车制造业转型发展升级的对策建议

在全球汽车产业重新布局,国内外政治、经济、科技及疫情多种因素叠加催化影响下,中国汽车制造研发投入与车规级应用芯片仍处于探索阶段,高端零部件配套以及专利基本为西方所控制,产业链供应链有待重构,全生命周期减排评价体系尚未构建。基于此,结合全球汽车制造业的发展重点与转型策略,提出对策建议。

第一节　全球汽车制造企业转型升级的四个变革方向

一、企业角色变革

第一,从产品开发和设计、材料选择和生产流程、制造工艺的改进方面,成为绿色低碳技术创新源。第二,数字化和软件已成为全球汽车制造的新战场,积极搭建"车路云网图"一体化生态系统,参与智能网联、共享出行、自动驾驶等软件产品。第三,助力新能源和基础设施建设,提供光伏发电＋储能＋充电一体化的服务。

二、价值链变革

第一,整车电子构架终局是云计算与车载计算机的结合体,增量部件配套行业的重要性越发显现;随着电子构架的日益复杂,不单单是半导体生产商的价值主张在发生变化,传统一级供应商、主机厂、软件企业、电子制造服务商纷纷通过打造自身能力或收购等方式向半导体行业拓展。第二,在电动化方向上,"发动机＋变速箱"组合被"电池、电机、电控"取代,动力电池成为汽车制造业价值链上占比最高的环节,电池制造逐步向小轻型化、多样化、时长化、环保化发展,充电形式由桩式慢充向快充、有线向无线发展,动能由油电两用、锂电逐步向钠电、氢能源发展。第三,零部件与数字技术、绿色材料、轻量制造工艺结合,特别是智能制造、工业互联网、3D打印等先进制造技术创新与应用的大规模嵌入,令传统行业的新功能被激发。

三、组织运行方式变革

第一,打造零碳工厂和循环经济,以整车企业为主体,供应链可持续的评估、分销的低碳化、再到汽车产品和工业材料的回收再利用等,最大限度地使用可再生和可重复使用的材料。第二,销售模式转型,不再通过传统的经销商网络进行销售,转而依靠互联网分销渠道叠加大都市区展示的方式。第三,跨界协同融合,与多方创新主体,共同推进应用场景的落地及可持续商业模式的探索。

四、供应链布局变革

第一,供应链碳核算和管理作为当前通用的减碳衡量办法,基于碳核算标准、碳风险评估、碳合规认证等程序,实现全链减排及供应商遴选,例如:通用要求其全球供应商签署碳中和承诺书,并邀请第三方进行评估;目前79%的宝马供应商加入了碳信息披露项目。第二,汽车零部件构成发生变异,需求总量减少,导致供应链扁平化和布局灵活性提高。第三,全球极化及马太效应加剧,特别是以头部企业为核心的先发区域,以区域或国家为空间单元,形成相对完整的供应链体系,内部供应闭环凸显。

第二节　中国汽车制造业转型发展的政策需求重点

一、组织创新需求

(一) 以贯通创新链为第一要务

针对中国汽车制造业在关键技术研发、测试、应用以及市场推广中存在的梗阻与短板,应加快整合创新链相关资源,以关键技术研发与转化项目为纽带,聚焦基础研究与应用研究、技术开发与商品化试制,打通创新成果转化的创新链条。在此过程中,要对本领域的先进技术和发展方向进行识别和鉴定,选取具有较好应用前景、市场前景和科学价值比较大的项目和发展方向,并形成明确技术路线图。

(二) 数据互联共享系统

参照 Catena-X 和德国 Manufacturing X 的建构模式,以多家公司联合、联盟、共同投资、减少风险、成果共享等主要切入点,依托已有的各类研发、转化和功能型平台等相关创新主体,从汽车制造业行业需求和现有技术模块中创造出一个统一的、可信赖的数据生态系统,并形成持久的协调治理机构。具体来说,德国 Manufacturing X 像"过滤器"一样,可联合技术社区、产业社区、项目社区三种形式,基于开放标准创建值得信赖的数据生态系统,进而同步化满足各个社区的技术转移需求,其主体架构包括:营销和公共关系、跨国网络、开放源码构件、操作和认证。

专栏 9.1　Catena-X 和德国 Manufacturing X 创建计划

Catena-X 最初由宝马和 SAP 倡导,将基于云网络向德国和欧洲汽车行业的所有公司及全球合作伙伴开放。Catena-X 已有 122 名成员,包括德国电信、博世、谷歌、西门子、戴姆勒、采埃孚集团、大众集团、汉高、舍弗勒等全球寡头旗舰企业。保时捷指出:"汽车行业需要提高供应链的透明度,不仅是半导体,而是所有组件,而 Catena-X 可以成为解决方案……当供需失衡开始出现时,Catena-X 已经可以帮助在更早的阶段检测和识别系统中的压力。"

2022 年 3 月 28 日,德国工业 4.0 平台以 Catena-X 为范本提出了以 Manufacturing X 为名的数据空间计划,通过数字化价值链的构建,畅通了异质数据之间的交换,为开发和实施数字增值服务和商业模式创造了潜在机会,进而建立一个高韧性、极具竞争力、可持续的制造业发展体系。

(三) 提升数字化技术在汽车制造行业中的嵌入水平

工业 4.0、工业互联网以及数字化技术嵌入汽车行业中,把生产过程的供应—制造—销售三个环节的信息数据化、智能化,最终达到按需生产、按量生产的个性化产品供应。目前,全球各国以及旗舰企业都在 5G/6G、AI、边缘计算、大数据、AR/VR、数字孪生、元宇宙等新兴产业和技术领域积极探索,智能化工厂逐渐成型,一般来说,其必须满足三个条件:先进的生产工艺,并且达到行业领先水平(见表 9.1);机器互联、大数据处理、智能生产;要求工厂必须有过硬的质量、完善的管理体系。

表 9.1　德国工业 4.0 造车工艺的主要构成

工　艺	主要特点	成　效
冲压工艺	6 道：裁切、冲孔、拉延、挤压、修边、成型	采用德国舒乐 9 100 吨压机线，可使得冲压公差控制在 0.2 mm 的范围内
热成型工艺	采用热冲压成型技术；冲压件强度可高达 1 500 MPa；且在高温下成型几乎没有回弹	具有成型精度高、成型性好等突出优点，广泛用于车门防撞梁，以及 A 柱、B 柱、中通道等车体结构件的生产
激光焊接工艺	分别在车身骨架、侧围、前门、后门、后盖等 18 个总成应用了机器人激光焊	车身强度增加 30%；外形美观、密封性好；减少共振、减少风噪
空腔注腊工艺	将 120°高温的液体蜡注入车身空腔内，经过一定时间，最后残留在车内 1 公斤左右的蜡，在空腔表面形成 1 mm 左右的均匀保护膜	12 年防腐蚀

资料来源：《为什么大众车结实耐用，因为它采用了德国工业 4.0 的造车工艺》，2023 年 9 月，https://www.yoojia.com/ask/16-11816438567403036418.html。

有鉴于此，建议以城市群为单元，集聚相关企业、研究院所、高校、政府、社团、协会、银行、证券、保险等行为主体，以产业园区、产业联盟、孵化器为空间和组织载体，畅通工程师、科学家等高阶人才资源和要素的流动，开展融合技术、标准、设备、解决方案的研发研制、试验验证、评估评测等工作，特别是面向"新兴技术＋工业 4.0"的关键环节，在汽车制造行业中进行融合创新，抢抓全球层面的技术先发窗口，实现行业整体能级的跃升。

二、体制机制需求

当前，汽车制造业技术创新的关键特征包括扁平开放的制造系统、基于知识和数据的制造模式、弹性智能的产业链供应链网络、融通发展的数字经济体系。根据前述案例分析，在此提出当前体制机制的核心需求涵盖利益协调、伙伴选择、多元互信、资源共享、区域合作五个子机制。

（一）利益协调机制

根据先行国家级企业的发展经验，多方利益协同机制是跨界协同融合可以维系和有序运转的关键。第一，继续探讨和完善企业、高校、科研机构之间的利益分配机制，特别是在技术入股、知识产权归属等维度的协调问题。第二，产学研创新合作风险共担机制，特别是引入弹性股权结构，以维持协同创新体系的稳健。第三，形成"放风筝"式的资本管控措施，坚持"资本服务实体经济"价值理念，以避免因其短视而损害汽车制造业长远的发展，打造科技创新、金融发展、实体产业三者之间的协调统一机制。

（二）伙伴选择机制

一般来说，合作伙伴的选择是双向的过程，并遵循"4C"策略，一是资源互补状况，即通过协同创新合作，从伙伴处获得互补性资源的能力。二是协同文化，协同合作的关系融洽与否。三是协调的目标。四是与协同创新相伴而生的风险。因此，政府部门作为辅助参与者，在创新监督及财政等方面提供支持，通过资源互补形成多元主体协同互动及深入合作；助力企业完善潜在协同对象评估与违约管控机制，从而形成一个利益共享、风险共担的有机整体。

（三）多元互信机制

多元互信主要涵盖协同行为主体之间的信任合作关系。一般来说，强链接通常表现为协同行为主体之间稳定的合作关系，基于相互之间的信任，可以实现更为广泛的知识、信息和资源的共享和传递，帮助行为主体获取创新关键资源的同时，构建起稳定的协同合作关系。建议分两个层面完善汽车制造业协同创新的信任机制，一是在拓展新合作伙伴关系的同时，要不断加深不同层次的合作关系，深化合作深度；二是积极打造可信服务认证的平台及联盟,建立起监督检查、信息共享和通报、应急处置等管理制度。

(四) 资源共享机制

抓共享协同,推动创新要素、主体以及区域之间的互联互通,重点借鉴 Catena-X 和德国 Manufacturing X 计划的经验做法,避免"独立王国"式的创新圈子,应注重各平台之间的彼此协同,打造汽车制造业资源共享型系统,即:创新主体可以高频交流、彼此共享资源和创新思想,推动创新主体的创新能力得到最大发挥。有鉴于此,一是建立形成健全有效的科技资源共享机制,积极鼓励通过联合资助、风险共担等方法推进科研机构共同开展科学研究,消除封闭和条块分割。二是专门出台推进资源及科技成果共享的政策文件,或者将科技成果转化以政府文件、法律条例、部门规章等形式纳入现有文件、条例中,让科技成果共享有章可循、有法可依。三是适时、有序推进行为主体间信息共享、资源共享、市场共享、人力资源共享,探索跨平台部署和调用,开展数据流转、业务资源管理、产业运行监测等服务。

(五) 区域合作机制

如前所述,不论是美国还是德国,全球领先国家的旗舰式企业之间的合作主要集中在研究课题的合作研发、技术人员的自由流动、产研合作的开放实验室、与大学和国际的联合研发等方面,以期链接全球尺度的创新资源。建议鼓励和支持各类企业、平台、高校/研究院所等相关行为主体尽可能参与美国、日本、德国等场景落地跨国合作的经验,打破信息不通的壁垒,参与和共同制定技术与产品标准,推动长三角燃料电池汽车和智能汽车一体化发展,实现制度、标准、成果互认。

第三节　中国汽车制造业转型发展的配套条件

一、要素储备

（一）高阶人才引进和流动

汽车制造业先进技术的研发和场景落地需要拥有多种技能的综合型人才团队，除了传统的制造业人才以外，还需要掌握工业互联网、人工智能、大数据分析、开发运维等方面的综合型人才。第一，制定面向全球的高阶人才引进策略，不再局限于具有海外背景的中国籍归国人员，清单式引进"高精尖缺"高阶人才，并设立绿色通道。第二，加快营造具有国际竞争力的人才发展环境，保护创新型创业人才的知识产权，对于侵害知识产权的事件坚决处理，通过经济处罚形成利益约束机制。第三，探索建立人才自由便捷的柔性流动机制，开展重点领域人才技能提升计划，形成区域全面开放的人才市场；参照韩国首尔成功经验，加强企业与研究机构科研人员的互通互访，特别是科研人员从企业向研究机构、高校的流入及集聚（图 9.1），以此提升创新知识及成果的准确性、可靠性和可用性。

（二）狠抓关键核心技术研发

一是设立汽车制造业创新引领计划，涵盖以下重点内容：（1）基于碳减排潜力、创新价值、经济社会价值等关键指标，识别重点领域及创新需求；（2）"卡脖子"低碳技术风险评估，如：该项技术是否被多个国家拥有、拥有该技术的国家与中国的合作中断风险等；（3）整合技术引导或推广目录，将其作为科研经费分配的参照依据；（4）共性基础技术和关键核心技术攻关，诸如电池、可循环塑料、轻量工艺、车用操作系统、蜂窝车联网技术、智能计算、

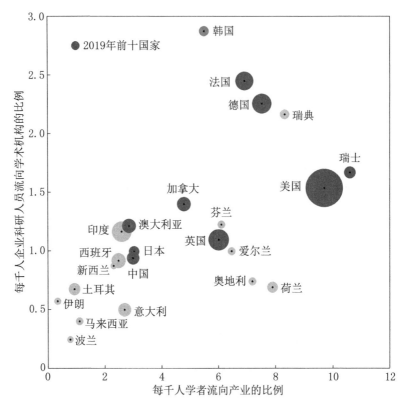

图9.1 全球主要国家产学研紧密度对比分析

资料来源:Dayton L.,2020,"How South Korea made itself a global innovation leader",*Nature*,581(7809):S54—S54.

高精度动态地图等。二是制定车规级芯片发展规划,加快国产大算力芯片的研发、制造和应用;编制发布汽车芯片技术标准体系,建立第三方检测认证平台;注重人才引进与培养,切实落实人才梯队建设。三是组建"车路云网图"协同创新联盟,搭建政产学研用金"六位一体"的服务平台,引导不同行为主体在技术转移、成果转化、供应链资源共享等方面进行深度合作。

(三)扶持企业向科技研发转型

一是遴选本土整车制造及零部件独角兽企业,予以资金或税收政策支持,打造集交通工具制造商、创新技术供给方、出行服务提供商、移动储能设备建造者于一身的明星级企业。二是以云、图基础设施为核心,加速整车厂、供应商与云服务商、IT科技公司的融合,设置汽车制造业半导体发展专项基金,助推企业通过自身研发能力提升或并购的方式向半导体领域拓展,力争在与国内外业界竞争博弈中形成优势。三是出台临时激励政策或设置更多相关的中低息贷款产品项目,鼓励有能力或意愿的企业参与充电桩、充电站及新型数字基础设施、可再生能源建设。

（四）优化减碳支撑服务系统

一是建议成立能源统筹调配实体机构,负责制造业整体层面上的能源运行和调配,加快能源生产、传输、存储、消费的数字化与智能化进程,以实现汽车制造与其他行业门类、制造业与能源体系的高效耦合。二是引入临时激励系统（基于碳排放的差异合同）,以缩小传统和绿色低碳能源之间的差距,确保氢能与其他可再生能源的公平竞争环境,引导企业向绿色能源消费倾斜。三是需求端激发绿色消费潜力,推出碳共享规范及财政税收或补助机制,整合个人碳足迹和碳积分体系,打造与个人信用相关联的绿色评价体系;开展多种形式的公益宣传活动,强化公众对绿色产品的识别能力,培养绿色消费偏好和低碳生活的积极性。

二、关键政策

加大汽车制造业转型升级的政策供给,完善相关法规制度的制定,努力打造宽松、有序的市场环境,聚焦发展重点和短板,提升政策的精准性和可及性,疏通政策障碍和难点堵点。

（一）全生命周期的绿色零碳化

一是出台汽车制造业全价值链绿色低碳发展专项规划,避免"一刀切",

根据细分行业甚至具体企业制定推进措施、减碳目标、约束性指标等;建立全生命周期碳足迹的追踪和核算体系,委托独立评估机构,跟踪评估各类补贴、积分政策的科学性和有效性。二是开发碳足迹大数据共享和建模平台,提供汽车产品耐用性、再循环比例,以及寿命结束处理等具体信息及分析报告,提升汽车制造业全价值链碳排放的预测能力。三是加快推进绿色工厂建设,提升汽车零部件再生材料的应用水平,形成汽车制造行业低碳可持续和循环产品设计的规范。四是完善企业碳责任管理制度体系,涵盖生态管理审计计划、碳信息披露制度(见表 9.2)、碳排放交易申报以及能源审计和管理等四个方面。

表 9.2　德国企业碳信息披露的主要步骤

检查表	1. 报告主要排放源,并解释公司在温室气体排放上所面临的主要挑战 2. 企业在温室气体排放和可再生能源使用方面的目标和计划达标的时间 3. 报告温室气体减排和可再生能源使用方面的战略和具体措施 4. 报告是否以及在多大程度上实现了预期目标;披露无法实现的目标并说明原因 5. 报告减排基准年、适用于哪些部门,以及使用了哪些排放系数和制度〔如,碳披露项目、《温室气体议定书》、金融机构环境管理与可持续发展协会(VfU)的环境指标〕
绩效指标	GRI SRS 305-1:直接(范畴 1)温室气体排放 GRI SRS 305-2:能源间接(范畴 2)温室气体排放 GRI SRS 305-3:其他间接(范畴 3)温室气体排放 GRI SRS 305-5:温室气体减排量 EFFAS E02-01:温室气体排放总量(范畴 1、2、3)

资料来源:德国可持续发展理事会:《可持续发展准则:企业可持续发展绩效对标基准》,2020 年 1 月。https://www.deutscher-nachhaltigkeitskodex.de/de-DE/Documents/PDFs/Sustainability-Code-(1)/SustainabilityCode_brochure_2020_A5_CN.aspx。

(二)加速完善产业链供应链

一是提升供应链数字孪生和人工智能嵌入水平,安排专项资金并设置交流平台,打造数据互联互通、信息可信交互、生产深度协同、资源柔性配置的供应链。二是车企与供应商深度绑定,将各层级性质不同、条块分割的相关骨干车企及产业供应链统筹整合,组建智能新能源车系列以及与之相关的大型产业链供应链舰队,提升产业链条的安全和弹性。三是产业链共担电池成本,出台《电池资本商业运行规范》,由动力电池厂、整车厂、充电运营商按比例分摊电池成本,以降低新能源汽车首次购置价格及二手车的折损率,推动新能源汽车市场化普及和应用。

(三) 智能网联汽车与自动驾驶政策

第一,设立智能网联汽车创新引领计划,并制定技术实施路线;第二,坚持不懈地推行数字基础设施扩张计划,委托专门的机构对数字基础设施发展中的资金使用情况进行持续监测及事后评估;第三,简化自动驾驶功能测试的审批程序,继续推进高度自动驾驶示范区建设,降低自动驾驶测试综合成本,大幅增加测试道路里程;第四,探索自动驾驶法规豁免申请机制,对测试及商业化应用过程中触及的现行法规关键约束,研究一揽子解决方案,支持无安全员测试等创新举措开展试点。

专栏 9.2　各国自动驾驶政策现状和挑战

在英国,从 2022 年年初开始,具有自动车道保持系统(ALKS)技术的汽车将成为第一批符合《英国自动与电动汽车法案》(AEV 法案)相关要求的自动驾驶汽车。同时,英国计划在 2025 年之前建立自动驾驶法规及配套细则。

同样在 2022 年 3 月美国 NHTSA 发布首个自动驾驶乘员保护安全标准规则。该规则更新了《联邦机动车安全标准》中的乘员保护标准,以适用于配备 ADS 而不具备传统人工驾驶控制功能的车辆。而在此之前的 1 月,美国公路安全保险协会(IIHS)传出消息,其正在开发一个新的评级项目,评估部分自动化的车辆所采用的辅助驾驶系统是否拥有足够的保障力。

2021年2月,德国通过《"道路交通法"和"强制保险法"修正案——自动驾驶法》,7月,德国《自动驾驶法》生效。根据该法,自2022年开始,德国将允许自动驾驶汽车(L4级)在公共道路上的指定区域内行驶。德国由此成为全球首个允许无人驾驶车辆参与日常交通并应用在全国范围的国家。在保险方面,《自动驾驶法》规定自动驾驶汽车的所有人必须购买一份责任险,受益人为技术监督人员。

在日本,允许在高速公路上使用L3级自动驾驶的《道路交通法》于2020年4月生效,这一度被视为最为激进的自动驾驶立法举措之一。按照修订的《道路交通法》,配备自动驾驶装置的汽车使用者应当将操作状态记录装置所记录的数据根据相关法律进行保存。在不满足自动驾驶装置的使用条件时,驾驶人应当使用自动驾驶装置自行驾驶该自动驾驶汽车。

可以看出,自动驾驶商业化落地的社会环境条件已经得到各国政府重视,相关立法工作正在加快。自动驾驶是大国之间科技竞争的一个重要议题,关于智能驾驶立法中对于权责界定的问题,都是持既高度重视又无比谨慎的态度。如果立法倾向于保障驾驶人权益,意味着让本国车企承担更多责任,会导致厂商在自动驾驶技术的研发和推广上趋于保守,也不利于在自动驾驶技术乃至汽车行业与其他国家竞争。

资料来源:维科网·新能源汽车《各国自动驾驶政策现状和挑战:国内相关法规相继出台》,https://nev.ofweek.com/2022-08/ART-77015-8480-30570145.html。

(四)运输行业去碳化配套政策

第一,持续推进私人充电基础设施的扩展,为扩大住宅和商业地产的私人充电基础设施而量身定制筹资方案,落实新型基础设施配套保障,鼓励集中式充电站、出租车充电示范站建设,充分利用绿地、公共道路停车场等资源布局经营性充电设施。第二,制定新能源动力电池产业链中长期发展规划,完善新能源汽车动力电池溯源机制,落实厂商主体责任,完善换电设施报建管理制度,对符合条件的换电运营给予补贴。第三,参照日本加氢站网络的布局模式,合理整合已有加氢站,出台加氢站布局专项规划,制定建设审批管理办法。

专栏 9.3 日本加氢站建设运营模式及经验汇总

日本加氢站基础设施建设以企业联盟形式为主,最具代表性的是 Japan H$_2$ Mobility(简称 JHyM),其中,金融投资机构提供贷款和社会投资,负责融资,辅助运营日本各地的加氢站;能源与基础设施建设企业负责加氢站建设和运营;汽车制造商向 JHyM 成员提出加氢站建设和运营的委托,推广燃料电池汽车。截至 2021 年上半年,日本加氢站在建及运营总数为 167 座,燃料电池乘用车保有量 6 119 辆,燃料电池商用车 100 余辆(1 辆商用车加氢量相当于 30 辆乘用车),站车比约为 1∶54。

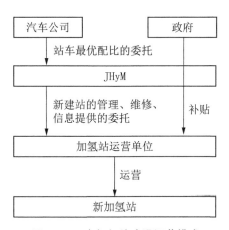

图 9.2 日本加氢站建设运营模式

资料来源:澎湃新闻:《日本加氢站建设运营模式对我国的启示》,2021 年 10 月 18 日,https://m.thepaper.cn/baijiahao_14950981。

第四节　中国汽车制造业转型发展的推进计划

汽车制造业的转型升级是涉及各领域、各部门的复杂系统工程,需要结合基础实际,以项目建设为切入点、分阶段推进。通过学习借鉴欧美先行国家及先进企业的经验,本章提出如下关键行动计划(见表9.3)。

一、三年期:夯实基础、全面提升

聚焦中国汽车制造业的刚性需求和主要短板,综合考虑效益性与可操作性,优先实施一批基础型、通用型的项目,夯实发展基石。

表9.3　中国汽车制造业转型升级分阶段推进计划

	行动计划	近　期	中远期
政策准备	汽车制造业转型升级配套政策	✓	
	能源统筹调配实体机构	✓	
	减碳支撑服务系统	✓	
	汽车制造业创新引领计划	✓	
人才要素	全球一流领军人才和创新团队		✓
	扩大青年科技人才规模	✓	
	卓越工程师队伍	✓	
关键节点	"车路云网图"协同创新联盟	✓	
	数据互联共享系统		✓
预期成果	全球尺度链接创新资源		✓
	"综合型＋特色型｜专业型"多层次体系		✓
	各类加氢站	✓	

一是政策准备方面,相关职能部门尽快完成汽车制造业转型升级配套

政策、减碳支撑服务系统、汽车制造业创新引领计划、充电基础设施激励政策等一系列配套法规体系,破解汽车制造业转型发展的系统性制约因素。

二是大力引育具有战略科学家潜质的顶尖人才,持续扩大青年科技人才规模,打造卓越工程师队伍;打造工业互联网及平台人才实训基地,加快"新工科"建设,开展多层次人才培训。

三是加大资金投入以及资本市场的管控与引导,给予企业足够的耐心和空间,让拥有不同资源禀赋、技术沉淀和创新路径的市场主体更多发挥自身能动性;结合《氢能产业发展中长期规划》,加快加氢站的建设。

二、五年期:长效运营、标杆引领

坚持"点—线—面"的发展策略,借助一批标杆项目,挖掘提炼多个可复制、可推广的发展模式,探索前沿新兴技术应用,提升中国在全球汽车制造业领域的影响力。

一是将围绕数据赋能、行业应用、模式创新、生态构建等方向优化汽车制造业的发展环境,进一步加强互联互通能力。

二是打造全球层面的产业发展生态。加快智能网联汽车和自动驾驶示范区建设,鼓励参与美国、德国等先行国家汽车制造业创新联盟,优先链接最优资源;推动先进技术在"块状经济"产业集聚区落地,建设一批汽车制造业案例应用推广中心,广泛汇聚政产学研用各方资源,构建互利共赢、协同创新的良好生态,进一步赋能行业和区域发展。

三是坚持"政府引导、企业主体、平台支撑"的发展思路,面向基础研究、应用研究和"卡脖子"关键技术领域,引进与培养相结合,形成一大批全球一流领军人才和创新团队。

四是以"共治"理念为核心,在充分利用现代信息技术及手段的基础上,建立政府、企业、行业、公众共同参与的多元管治机制；探索建立跨行业数据互联共享系统以及数据互联的可信机制，注重各类标准规范、就业结构、数据开放与隐私保护、算法监管与问责、伦理道德、法律法规等政策、服务认证体系化研究，弥合中国可信体系缺失的鸿沟。

五是以"综合型＋特色型＋专业型"多层次汽车制造业发展体系为目标，深化新一代信息技术的融合应用，支持建设数字孪生、6G、元宇宙等专业型技术平台和联盟的建设，满足不同企业的特色化需求。

结　论

　　汽车制造作为行业集大成者，产业链条长、涉及领域广、能源消耗大，其发展路径在"双碳"目标实现过程中具有支柱性、载体性的双重特点。当前，一场颠覆性的全球大变革正在形成，以数字化、汽车互联、汽车电气化、自动驾驶和车辆共享为代表的新趋势正推动整个行业不断突破。全球汽车制造领先企业纷纷发布"脱碳时间表"，有些甚至提出颇为具体的推进目标及关键举措，中国汽车制造亟须在保持相对优势的同时，开展更具针对性的实践探索和体制机制革新，发挥开路先锋、示范引领的作用。本书通过对美德日国家层面汽车制造业关键战略及全球关键企业（新兴汽车制造企业特斯拉，老牌汽车制造企业大众、戴姆勒、宝马，全球知名汽车供应商企业博世、巴斯夫、宁德时代，以及使用高端科技平台型企业优步、后发追赶企业吉利与比亚迪）的研究发现，尽管实现方式、具体策略和时间节点各异，但殊途同归，其背后显现的是汽车行业产业链、价值链、供应链乃至社会层面的全方位竞争。

　　第一，企业角色变革方面，一是从产品开发和设计、材料选择和生产流程、制造工艺的改进方面，成为绿色低碳技术创新源；二是数字化和软件已成为全球汽车制造的新战场，积极搭建"车路云网图"一体化生态系统，参与智能网联、共享出行、自动驾驶等软件产品；三是助力新能源和基础设施建设,提供"光伏发电＋储能＋充电"一体化的服务。

第二,价值链变革方面,一是整车电子构架终局是云计算与车载计算机的结合体,增量部件配套行业的重要性越发显现;随着电子构架的日益复杂,不单单是半导体生产商的价值主张在发生变化,传统一级供应商、主机厂、软件企业、电子制造服务商纷纷通过打造自身能力或收购等方式向半导体行业拓展。二是在电动化方向上,"发动机＋变速箱"组合被"电池、电机、电控"取代,动力电池成为汽车制造业价值链占比最高的环节,电池制造逐步向小轻型化、多样化、时长化、环保化发展,充电形式由桩式慢充向快充、有线向无线发展,动能由油电两用、锂电逐步向钠电、氢能源发展。三是零部件与数字技术、绿色材料、轻量制造工艺结合,特别是智能制造、工业互联网、3D打印等先进制造技术创新与应用大规模嵌入,传统行业的新功能被激发。

第三,组织运行方式变革方面,一是打造零碳工厂和循环经济,以整车企业为主体,供应链可持续的评估、分销的低碳化、再到汽车产品和工业材料的回收再利用等,最大限度地使用可再生和可重复使用的材料;二是销售模式转型,不再通过传统的经销商网络进行销售,转而依靠互联网分销渠道叠加大都市区展示的方式;三是跨界协同融合,与多方创新主体,共同推进应用场景的落地及可持续商业模式的探索。

第四,供应链布局变革方面,一是供应链碳核算和管理作为当前通用的减碳衡量办法,基于碳核算标准、碳风险评估、碳合规认证等程序,实现全链减排及供应商遴选;二是汽车零部件构成发生变异,需求总量减少,导致供应链扁平化和布局灵活性提高;三是全球极化及马太效应加剧,特别是以头部企业为核心的先发区域,以区域或国家为空间单元,形成相对完整的供应链体系,内部供应闭环凸显。

第五,社会面变革方面,一是能源结构优化,清洁能源比重加大,谋求全价值链能源供给向可再生能源转化;二是交通结构优化与重新布局,不断丰富低碳/零碳汽车产品的应用场景,并增加绿色交通的使用强度,注重运行效率的提升;三是负碳措施的"查漏补缺",通过植树造林以及应用碳捕集/封存/利用技术,使汽车产业难以消除的部分得以中和。

基于此,结合全球汽车制造业的发展重点与转型策略,提出如下行动建议:

第一,扶持企业向科技研发转型。一是遴选本土整车制造及零部件独角兽企业,予以资金或税收政策支持,打造集交通工具制造商、创新技术供给方、出行服务提供商、移动储能设备建造者于一身的明星级企业。二是以云、图基础设施为核心,加速整车厂、供应商与云服务商、IT科技公司的融合,设置汽车制造业半导体发展专项基金,助推企业通过自身研发能力提升或并购的方式向半导体领域拓展,力争在与国内外业界竞争博弈中形成优势。三是出台临时激励政策或设置更多相关的中低息贷款产品项目,鼓励有能力或意愿的企业参与充电桩、充电站及新型数字基础设施、可再生能源建设。

第二,狠抓关键核心技术研发。一是设立汽车制造业创新引领计划,涵盖以下重点内容:(1)基于碳减排潜力、创新价值、经济社会价值等关键指标,识别重点领域及创新需求;(2)"卡脖子"低碳技术风险评估,如:该项技术是否被多个国家拥有、拥有该技术的国家与中国的合作中断风险等;(3)整合技术引导或推广目录,将其作为科研经费分配的参照依据;(4)共性基础技术和关键核心技术攻关,诸如电池、可循环塑料、轻量工艺、车用操作系统、蜂窝车联网技术、智能计算、高精度动态地图等。二是制定车规级芯片发展规划,加快国产大算力芯片的研发、制造和应用;编制发布汽车芯片技术标准体系,建立第三方检测认证平台;注重人才引进与培养,切实落实人才梯队建设。三是组建"车路云网图"协同创新联盟,搭建政产学研用金"六位一体"的服务平台,引导不同行为主体在技术转移、成果转化、供应链资源共享方面进行深度合作。

第三,推进全生命周期的绿色零碳化进程。一是出台汽车制造业全价值链绿色低碳发展专项规划,避免"一刀切",根据细分行业甚至具体企业制定推进措施、减碳目标、约束性指标等;建立全生命周期碳足迹的追踪和核算体系,委托独立评估机构,跟踪评估各类补贴、积分政策的科学性和有效性。二是开发碳足迹大数据共享和建模平台,提供汽车产品耐用性、再循环比例以及寿命结束处理等具体信息及分析报告,提升汽车制造业全价值链碳排的预测能力。三是加快推进绿色工厂建设,提升汽车零部件再生材料的应用水平,形成汽车制造行业低碳可持续和循环产品设计的规范。

第四,加速完善产业链供应链。一是提升供应链数字孪生和人工智能嵌入水平,安排专项资金并设置交流平台,打造数据互联互通、信息可信交互、生产深度协同、资源柔性配置的供应链。二是车企与供应商深度绑定,将各层级性质不同、条块分割的相关骨干车企及产业供应链统筹整合,组建智能新能源车系列和与之相关的大型产业链供应链舰队,提升产业链条的安全性和弹性。三是产业链共担电池成本,出台电池资本商业运行规范,由动力电池厂、整车厂、充电运营商按比例分摊电池成本,以降低新能源汽车首次购置价格及二手车的折损率,推动新能源汽车市场化普及和应用。

第五,优化减碳支撑服务系统。一是建议成立能源统筹调配实体机构,负责制造业整体层面上的能源运行和调配,加快能源生产、传输、存储、消费的数字化与智能化进程,以实现汽车制造与其他行业门类、制造业与能源体系的高效耦合。二是引入临时激励系统(基于碳排放的差异合同),以缩小传统和绿色低碳能源之间的差距,确保氢能与其他可再生能源的公平竞争环境,引导企业向绿色能源消费倾斜。三是需求端激发绿色消费潜力,推出碳共享规范及财政税收或补助机制,整合个人碳足迹和碳积分体系,打造与个人信用相关联的绿色评价体系;开展多种形式的公益宣传活动,强化公众对绿色产品的识别能力,培养绿色消费偏好和低碳生活的积极性。

附件

德国工业期刊汽车制造业主题文章汇总

	主　　题	发布时间
技术	ZF nimmt eigenes 5G-Campusnetz in Betrieb	01. Feb. 2023
智能工厂	Lackierverfahren mit Zukunft	11. Jan. 2023
生产	Energiepreise treffen europäische Produktion besonders hart	21. Dez. 2022
技术	Citroen hat die Elektromobilität verstanden	12. Dez. 2022
技术	Audi startet neuen Ladedienst	28. Nov. 2022
技术	Elektrische SUVs dominieren in Deutschland	22. Nov. 2022
全球汽车业务	Hyundai und Kia forcieren den Wandel zur Industrie 4.0	04. Nov. 2022
全球汽车业务	GM stellt die Weichen auf Elektromobilität	03. Nov. 2022
生产	Stellantis baut auch Wasserstoff-Autos in Hordain	28. Okt. 2022
管理	Ford bezieht nachhaltigen Stahl	25. Okt. 2022
技术	Audi möchte CO_2 aus der Luft filtern	20. Okt. 2022
全球业务	Die Renault-Allianz steuert in eine unsichere Zukunft	14. Okt. 2022
生产	Zulieferer nehmen Abschied vom Verbrenner	14. Okt. 2022
生产	Mercedes-Benz demokratisiert sein Produktions-Ökosystem	12. Okt. 2022

续表

	主　题	发布时间
技术	Volvo bringt bidirektionales Laden in Serie	10. Okt. 2023
管理	E-Mobilität，grüne Energie und Recycling：Skoda stellt Nachhaltigkeitsstrategie vor	21. Sep.2022
管理	Wir fertigen permanent am Kapazitätslimit	20. Sep. 2022
技术	Kreislaufwirtschaft BMW gibt Rohstoffen eine zweite Chance	19. Sep. 2022
技术	China bleibt zentraler Markt für E-Autos	14. Sep. 2022
技术	BMW vertraut bei seinen Lithium-Ionen-Zellen künftig auf ein innovatives Rundformat	09. Sep. 2022
管理	Ford verhandelt über den Verkauf seines Saarland-Standortes	09. Sep. 2022
技术	BMW bringt veganes Lenkrad auf den Markt	08. Sep. 2022
管理	Wie Audi seine Lieferkette für die gute Sache einsetzen will	05. Sep. 2022
管理	Millionenverluste bei Continental Die Kluft zwischen Herstellern und Zulieferern wächst	09. Aug. 2022
管理	Cyber Roundup 2022：Tesla hat große Pläne für die Zukunft	05. Aug. 2022
生产	Neue Tools und Anlagen erobern die Produktion von E-Autos	05. Aug. 2022
管理	Mit dem i3 verkaufte BMW erstmals ein kompaktes E-Auto mit gehobener Ausstattung und leichter Carbonkarosserie	25. Jul. 2022
管理	Umfassende Kooperationen Ford sichert Batteriekapazitäten für E-Autos	22. Jul. 2022
管理	Krise und E-Mobilität treffen Zulieferer mit voller Wucht	20. Jul. 2022
生产	Aus- und Umbau Audi modernisiert Lackiererei in Neckarsulm	11. Jul. 2022
管理	Alle Gewerke richten ihren Fokus auf die Elektromobilität	28. Jun. 2022

续表

	主　题	发布时间
技术	Geringe Verbesserungen gegenüber Verbrennern Elektroantrieb hängt E-Fuels bei der Nachhaltigkeit ab	23. Jun. 2022
智能工厂	Die Digitalisierung der Lackieranlage nimmt Fahrt auf	22. Jun. 2022
技术	Kooperation mit Startup Nunam Audi-Batterien erhalten zweites Leben in Rikschas	15. Jun. 2022
生产	BMW verwirklicht in Debrecen die Vision der Neuen Klasse	13. Jun. 2022
生产	Materialpläne der Volumenhersteller VW，Stellantis und Renault sichern sich nachhaltige Ressourcen	09. Jun. 2022
智能工厂	Intelligent und vernetzt Alle Infos zur Smart Factory in der Autoindustrie	30. Mai. 2022
生产	Maßnahmen zur CO_2- und Wassereinsparung BMW investiert 60 Millionen Euro in nachhaltigere Lackiererei	20. Mai. 2022
生产	Hella erhält ersten Großauftrag für Coolant Control Hub	17. Mai. 2022
管理	Zukunft der spanischen VW-Marken Wer gewinnt das Rennen zwischen Seat und Cupra?	11. Mai. 2022
生产	Neue Gigafactory in Sagunto Volkswagen investiert zehn Milliarden Euro in Spanien	06. Mai. 2022
技术	Kostentransparenz für die Volumenmarken Volkswagen vereinheitlicht Ladeangebote	26. Apr. 2022
生产	Batteriepass soll für Transparenz in der Lieferkette sorgen	25. Apr. 2022
技术	Brennstoffzellen und H2-Motoren So stehen die Chancen fur den Wasserstoff-Antrieb	25. Apr. 2022
技术	Innovative Materialien und Werkstoffe Auf dem Weg zur neuen Leichtigkeit im Fahrzeugbau	20. Apr. 2022
生产	Mercedes möchte Emissionen bis 2030 halbieren	11. Apr. 2022

续表

	主 题	发布时间
生产	Batteriewerk in Valencia VW möchte Spanien zum Elektro-Zentrum machen	23. Mär. 2022
管理	Klimaneutralität ist eine beispiellose Herausforderung	22. Mär. 2022
管理	Der Absatz der Autohersteller im Überblick	18. Mär. 2022
生产	Fertigungsverfahren Laser revolutionieren die Elektromobilität	16. Mär. 2022
技术	Mobil einsetzbares Speichersystem JLR startet Second-Life-Projekt mit Batterien des I-Pace	15. Mär. 2022
管理	Volvo：Wir wollen in der Produktion bis 2025 klimaneutral sein	15. Mär. 2022
技术	Zukunft der Energieversorgung Halten die Stromnetze der E-Mobilität stand?	14. Mär. 2022
管理	Lucid Motors steht in der Gunst von Saudi-Arabien	01. Mär. 2022
技术	Wir wollen beim Antrieb technologieoffen sein	15. Feb. 2022
技术	Batterieantrieb gegen Wasserstoff Was treibt die Lkw-Branche an?	14. Feb. 2022
全球业务	GM treibt Modernisierungskurs massiv voran	07. Feb. 2022
技术	Dacia schickt Lodgy-Nachfolger Jogger ins Rennen	01. Feb. 2022
管理	Werkumrüstung und Batteriezellproduktion GM schnürt historisches Milliardenpaket für die E-Mobilität	27. Jan. 2022
技术	Continental und Volterio entwickeln Laderoboter	26. Jan. 2022
技术	Partnerschaft mit V2X Suisse Konsortium Honda treibt bidirektionales Laden voran	19. Jan. 2022
技术	Wissing möchte E-Autos statt E-Fuels	13. Jan. 2022
管理	Next.e.GO Mobile ermöglicht Handel mit Emissions-Zertifikaten	13. Jan. 2022
技术	Neuheiten rund um die CES 2022 Diese Innovationen zeigen die Automobilunternehmen	04. Jan. 2022

续表

	主 题	发布时间
技术	Energiesysteme für E-Fahrzeuge Seat eröffnet Test Center Energy in Martorell	23. Dez. 2021
管理	Corona, Halbleiterkrise und E-Mobilität Das war das Jahr 2021 in der Automobilindustrie	22. Dez. 2021
管理	Weshalb Volkswagen eine Tochter fürs Batteriegeschäft gründet	13. Dez. 2021
管理	Volkswagen und GM beschleunigen ihre Batterie-Engagements	09. Dez. 2021
管理	Der Halbleitermangel hat für einen Dämpfer gesorgt	30. Nov. 2021
管理	So reagiert die Industrie auf den Regierungswechsel	25. Nov. 2021
技术	Wasserstoff-Forschung Der lange Weg der Brennstoffzelle in die Serie	17. Nov. 2021
生产	Renault ruft Refactory in Sevilla ins Leben	16. Nov. 2021
管理	Densos Weg zu nachhaltiger Mobilität und Fertigung	27. Okt. 2021
技术	So löst die Feststoffbatterie das Reichweitenproblem	18. Jul. 2022
技术	Cupra startet Produktion des elektrischen Born	30. Sep. 2021
生产	Von Kupfer bis Kobalt: Wandel der Autobranche führt zu Umdenken bei Rohstoffen	12. Jan. 2022
管理	Autoindustrie hat die Chance, zum Vorreiter zu werden	06. Sep. 2021
技术	BMW testet bidirektionales Laden im Alltag	20. Jul. 2021
全球业务	Stellantis wird zum Meister der Marge	02. Mär. 2022
管理	Stellantis ebnet Weg für batterieelektrische Zukunft	07. Jul. 2021
管理	Wie umweltfreundlich sind Elektroautos?	06. Aug. 2021
生产	Joint Venture: Volvo und Northvolt wollen Batteriefabrik bauen	21. Jun. 2021

续表

	主　　题	发布时间
管理	Porsche baut Batteriefabrik in Reutlingen	17. Dez. 2021
生产	Stellantis implementiert die EMP2-Plattform in Rüsselsheim	18. Jun. 2021
技术	VW Multivan T7：Neue Größe	12. Jun. 2021
生产	Der Antriebsstrang wird elektrisch	08. Jun. 2021
技术	Nissan Qashqai：Auf schlankem Fuß	03. Jun. 2021
技术	Cupra Born：Spanischer Öko-Renner	25. Mai. 2021
管理	Warum sich Reedereien bei der Dekarbonisierung so schwertun	14. Mai. 2021
技术	Antrieb der Zukunft：Für jeden etwas	06. Mai. 2021
生产	Volkswagen setzt sich neue Klimaziele	29. Apr. 2021
管理	Das sind die größten Märkte für Elektroautos bis 2030	28. Apr. 2021
管理	Volkswagen baut drittes MEB-Werk in China	28. Apr. 2021
管理	Alle Infos zur Halbleiterkrise in der Autoindustrie	02. Dez. 2022
技术	Volvo XC60 Recharge：Einstieg in die Elektro-mobilität	09. Apr. 2021
生产	Dürr übergibt smarte Lackiererei an SAIC Volk-swagen	08. Apr. 2021
技术	Technik-Hintergrund：So elektrifiziert AMG seine Modelle	31. Mär. 2021
生产	Das sind die Rohmaterial-Strategien der Autoin-dustrie	24. Mär. 2021
技术	Reportage：Im Taycan von München nach Zagreb	20. Mär. 2021
管理	Porsche ist der Ertragskönig im Volkswagen-Konzern	19. Mär. 2021
管理	Ladestationen für E-Fahrzeuge：Kuka setzt auf grünen Strom	10. Mär. 2021

续表

	主　　题	发布时间
技术	Dendriten im Akku Geht von Elektroautos eine erhöhte Brandgefahr aus?	18. Feb. 2022
技术	Ioniq 5：Mittelklasse-Crossover mit Turbo-Lade-technik	26. Feb. 2021
技术	Second Life：Noch viel Potenzial beim Batterie-Recycling	19. Feb. 2021
技术	Skalierbares Ladesystem：KIT und Bosch wollen Überlastung des Stromnetzes verhindern	18. Feb. 2021
技术	Wasserstoff bringt Schwung in den Schwer-lastverkehr	11. Feb. 2021
管理	Bertrandt zeigt neues Prüfmittel für die Bauteiler-probung	29. Jan. 2021
技术	Lichtsysteme der Zukunft：Quantensprünge	28. Jan. 2021
技术	Mercedes EQA：Ausgereifter als der EQC	20. Jan. 2021
生产	Zulieferernetzwerke für Stromspeicher：Woher die deutschen Hersteller Batteriezellen beziehen	03. Dez. 2021
技术	Toyota Mirai II：Nachschlag bei Leistung, Effi-zienz und Design	30. Nov. 2020
管理	Škoda installiert neue Photovoltaikanlage in Kos-monosy	24. Nov. 2020
技术	Nissan Qashqai：Auf neuer Basis	17. Nov. 2020
管理	Europaweite Kooperation：FCA und Engie EPS planen Joint Venture für E-Mobilität	17. Nov. 2020
技术	Drohende Zulassungsverbote：Geht dem Verbren-ner die Luft aus?	06. Nov. 2020
技术	Die Brennstoffzelle wird zur Nischentechnologie	27. Okt. 2020
管理	China ist und bleibt für uns der wichtigste Markt	26. Okt. 2020
技术	Ambitionierte Pläne：Hyundai plant hochmod ernes Innovationszentrum in Singapur	16. Okt. 2020
技术	Ford Mustang Mach-E GT：Blaue Rakete	12. Okt. 2020

续表

	主 题	发布时间
技术	140 Tankstellen für Brennstoffzellen-Lkw reichen	09. Okt. 2020
技术	Ford Tourneo Custom Active: Nutzfahrzeug in Offroad-Outfit	05. Okt. 2020
管理	Polestar legt Ökobilanz von E-Autos offen	21. Sep. 2020
技术	Freudenberg und Quantron entwickeln Brennstoffzellen	11. Sep. 2020
技术	Hyundai und Kia haben in den vergangenen Jahren für ihre neuen Modelle ein geändertes Schaltgetriebe entwickel	26. Aug. 2020
技术	Mahle zeigt modulares Filterkonzept für die Brennstoffzelle	21. Aug. 2020
技术	Toyota Yaris Hybrid: Chefsache	18. Aug. 2020
技术	PSA stellt neue Referenzplattform eVMP vor	03. Aug. 2020
管理	BMW baut Pilotwerk für Batteriezellen	30. Jul. 2020
管理	Fertigung des Volkswagen e-Crafter startet in Września	22. Jul. 2020
技术	Conti gewinnt neue Serienaufträge für Zugangssystem CoSmA	23. Jun. 2020
管理	Komplexe Bordnetze erfordern eine automatisierte Produktion	02. Jun. 2020
技术	FEV nimmt Entwicklungszentrum für Hochvoltbatterien in Betrieb	12. Mai. 2020
技术	Neue Aktoren für die Autobranche	29. Apr. 2020
技术	Elektromobilität: Werkstoffe Einsatz von Stahl bei Elektrofahrzeugen durchaus sinnvoll	27. Apr. 2020
技术	BEV-Plattformvergleich 2020: Basisarbeit	17. Apr. 2020
技术	BMW setzt wieder auf Wasserstoff: Wasser marsch?	13. Apr. 2020
技术	Produktion der Mercedes-Benz A-Klasse Plug-in-Hybrid gestartet	27. Feb. 2020

续表

	主　题	发布时间
管理	Großbritannien will 2035 Verkauf von Verbrennern beenden	04. Feb. 2020
管理	VW baut Innovationszentrum in den USA	27. Jan. 2020
技术	Grandland X Hybrid4：Opel wird elektrisch	21. Jan. 2020
技术	Ionitys neues Preismodell：Günstig nachladen war mal	18. Jan. 2020
技术	Schaeffler ist neues Mitglied im Wasserstoffrat	15. Jan. 2020
管理	Deutschland erstmals größter E-Automarkt Europas：Schwacher Starkstrom	20. Dez. 2019
管理	FCA gründet global für Produktentwicklung verantwortliche Struktur	17. Dez. 2019
生产	Volkswagen Nutzfahrzeuge nimmt neue Decklackanlage in Betrieb	25. Nov. 2019
管理	Stephan Rebhan, Vitesco Technologies："Arbeiten an optimalem Gesamtpaket"	21. Nov. 2019
技术	DS 3 Crossback E-Tense：Gene aus der Formel E	30. Okt. 2019
管理	Denso investiert 1,5 Milliarden Euro in die Elektrifizierung	29. Okt. 2019
管理	Jaguar Land Rover eröffnet neues Entwicklungszentrum in Gaydon	27. Sep. 2019
管理	Delphi-Wechselrichter soll Ladezeit von E-Autos halbieren	12. Sep. 2019
管理	Deutlicher Anstieg bei Zahl der Ladepunkte für E-Autos	14. Aug. 2019
管理	Continental richtet Antriebsgeschäft stärker auf Elektrifizierung aus	07. Aug. 2019
管理	Mercedes-Benz Werk Kecskemét：CLA Shooting Brake gestartet	27. Jun. 2019
管理	Wasserstoffautos sind(noch) kaum gefragt	18. Jun. 2019
生产	Kirchhoff FuE-Chef Wagener：Karosseriebau vereinfachen	11. Jun. 2019

续表

	主　题	发布时间
管理	Bosch präsentiert eine intelligente Zapfsäule für E-Autos	16. Mai. 2019
技术	Nächster Anlauf für den Wasserstoff: Kommt die Brennstoffzelle doch noch?	09. Mai. 2019
管理	Norwegen kritisiert Autoindustrie-VW-Konzern kontert	29. Mär. 2019
管理	Michelin und Faurecia verschreiben sich dem Wasserstoff	12. Mär. 2019
技术	Mazda 3 Skyactiv-G 2.0: Kampfansage an den VW Golf	22. Feb. 2019
技术	Opel bringt LED-Scheinwerfer in den Corsa: Klassenbrecher	08. Feb. 2019
技术	Hybride tun sich schwer: Stromschwankungen	30. Jan. 2019

参考文献

一、英文

Akimoto K., Fuminori S. Junichiro O., 2021, "Impacts of ride and car-sharing associated with fully autonomous cars on global energy consumptions and carbon dioxide emissions", *Technological Forecasting and Social Change*, 174:121311.

Alhusen H., Bennat T., 2021, "Combinatorial innovation modes in SMEs: mechanisms integrating STI processes into DUI mode learning and the role of regional innovation policy", *European Planning Studies*, 29(4), pp.779—805.

Allwood J.M., 2018, "Unrealistic techno-optimism is holding back progress on resource efficiency", *Nature Mater*, 17, pp.1050—1051.

Alshdadi A.A., 2021, "Cyber-physical system with IoT-based smart vehicles", *Soft Computer*, 25, pp.12261—12273.

Arbeláez Vélez AM, Plepys A., 2021, "Car Sharing as a Strategy to Address GHG Emissions in the Transport System: Evaluation of Effects of Car Sharing in Amsterdam", *Sustainability*, 13(4), p.2418.

Arndt F., 2019, "Dynamic capabilities: A retrospective, state-of-the-art, and future research agenda", *Journal of Management & Organization*, pp.1—4.

Bartnik R., Miriam W., Takahiro F., 2018, "Introduction to innovation in the East Asian automotive industry: Exploring the interplay between product architectures, firm strategies, and national innovation systems", *Technovation*, 70, pp.1—6.

Bathelt H., Glückler J., 2011, *The Relational Economy: Geographies of Knowing and Learning*. Oxford: Oxford University Press, 2011.

BMW Group. Offen, vernetzt, partnerschaftlich: Gemeinsam zur Smart

Factory. 2019.02.04.

Cooke P., 1996, "The New Wave of Regional Innovation Networks: Analysis, Characteristics and Strategy", *Small Business Economics*, 8(2), pp.159—171.

Cooke P., 2001, "Regional innovation systems, clusters, and the knowledge economy", *Industrial and Corporate Change*, 10(4), pp.945—974.

Daniel Pereirais. Uber Profitable?, The Business Model Analyst, 2023.03.16.

Dayton L., 2020, "How South Korea made itself a global innovation leader", *Nature*, 581(7809):S54—S54.

Erdbrink, T.; Anderson, C. 2020, "Fears for Volvo Expose Sour Turn in Sweden's Ties With China", *New York Times*, 14. June 2020.

Etzkowitz H, Leydesdorff L., 1995, "The triple helix of university-industry-government relations: A laboratory for knowledge based economic development", *Glycoconjugate Journal*, 14(1), pp.14—19.

European Patent Office, International Energy Agency(IEA). Patents and the Energy Transition[R]. 2021.

Fang Y, Rui O, Xi L, et al., 2019, "Regional comparison of electric vehicle adoption and emission reduction effects in China", *Resources, Conservation and Recycling*, 149, pp.714—726.

Gan L, Chen Y. Analysis on Sustainable Development Capacity of New Energy Enterprises: A Case Study of CATL[J]. *Frontiers in Business, Economics and Management*, 2023, 8(2):35—40.

Giampieri A. J., Ling-Chin, Z. Ma, Smallbone A., Roskilly A. P., 2020, "A review of the current automotive manufacturing practice from an energy perspective", *Applied Energy*, 261, 114074.

Götz Fuchslocher. Bosch Cross-Domain Computing Solutions startet 2021. Automotive IT, 17. Dezember 2020.

Hamish M, 2018, *Insane Mode*. Boston: Dutton Books.

International Energy Agency(IEA), Global Electric Vehicle Outlook 2021[R]. 2021.04.

International Energy Agency(IEA), Global Electric Vehicle Outlook 2022[R]. 2022.05.

International Energy Agency(IEA), Global Electric Vehicle Outlook 2023[R].

2023.04.

Isaksen A., Nilsson M., 2013, "Linking scientific and practical knowledge in innovation systems", *European Planning Studies*, 21(12), pp.1919—1936.

Kawaguchi T., Murata H., 2018, "Fukushige S., Scenario analysis of car- and ride-sharing services based on life cycle simulation", *Procedia CIRP*, 80, pp.328—333.

Kim J., Lee K., 2022, "Local—global interface as a key factor in the catching up of regional innovation systems: fast versus slow catching up among Taipei, Shenzhen, and Penang in Asia", *Technological Forecasting and Social Change*, 174, p.121271.

Koppiahraj Karuppiah, Bathrinath Sankaranarayanan, Syed Mithun Ali. 2021, "A decision-aid model for evaluating challenges to blockchain adoption in supply chains", *International Journal of Logistics Research and Applications*, pp.1—22.

Kwak K., Kim N., 2022, "Industrial leadership changes without technological discontinuity: modularization, institution-led market discontinuity, and market development strategy", *Technological Forecasting and Social Change*, 180:121688.

Liao P., Tang T., Liu R., Huang H., 2021, "An eco-driving strategy for electric vehicle based on the powertrain", *Applied Energy*, 302:117583.

Lundvall B., 2007, "National innovation system—analytical concept and development tool", *Industry & Innovation*, 14(1), pp.95—119.

Marczak H, Droździel P., 2021, "Analysis of Pollutants Emission into the Air at the Stage of an Electric Vehicle Operation", *Journal of Ecological Engineering*, 22(8), pp.54—69.

McKinsey Company, Automotive revolution—perspective towards 2030[R], 2016.

Mirko E. Infoblatt Deutsche Automobilindustrie. 2012.03.09.

Musk E. Master Plan, Part Deux. Tesla, 2016.07.20.

Ovidiu V., Reiner J., Pype P. et al., 2016, "Automotive Intelligence Embedded in Electric Connected Autonomous and Shared Vehicles Technology for Sustainable Green Mobility", *Front. Future Transp.*, 26:688482.

Pauliuk, S., Heeren, N., Berrill, P., Fishman, T., Nistad, A., Tu, Q., Hertwich, E. G., 2021, "Global scenarios of resource and emission savings from material efficiency in residential buildings and cars", *Nature Communications*,

12(1)，1—10.

Perkins G.，Murmann J.，2018，"What Does the Success of Tesla Mean for the Future Dynamics in the Global Automobile Sector?"，*Management and Organization Review*，14(3)，471—480.

Qiao Q，Zhao F，Liu Z，et al.，"Life cycle greenhouse gas emissions of Electric Vehicles in China：Combining the vehicle cycle and fuel cycle"，*Energy*，177，pp.222—233.

Rjab，A. B.，Mellouli，S.，2021，"Smart cities in the era of artificial intelligence and internet of things：promises and challenges"，*Public Administration and Information Technology*，pp.259—288.

Sanguesa J. A.，Torres-Sanz V.，Garrido P.，Martinez F. J.，Marquez-Barja J. M.，2021，"A review on electric vehicles：technologies and challenges"，*Smart Cities*，4(1)，pp.372—404.

Shamsi H，Tran M K，Akbarpour S，et al.，2021，"Macro-Level optimization of hydrogen infrastructure and supply chain for zero-emission vehicles on a canadian corridor"，*Journal of Cleaner Production*，289：125163.

Siskos P.，Capros P.，De Vita A.，2015，"CO_2 and energy efficiency car standards in the EU in the context of a decarbonisation strategy：A model-based policy assessment"，*Energy Policy*，84，pp.22—34.

Stefan L. VW-Konzern will offenbar letztlich nur noch eine Elektro-Plattform haben.*Volkswagen*，2021.03.16.

Teece D. J.，2007，"Explicating dynamic capabilities：the nature and microfoundations of(sustainable) enterprise performance"，*Strategic Management Journal*，28(13)，pp.1319—1350.

UNEP，Emissions Gap Report 2022[R/OL]，2022-10-27，https：//www.unep.org/resources/emissions-gap-report-2022.

Zhao M.，Sun T.，Feng Q.，2021，"A study on evaluation and influencing factors of carbon emission performance in China's new energy vehicle enterprises"，*Environmental Science and Pollution Research*，28，pp.10—20.

Zhou S.，Zhou A.，Feng J.，Jiang S.，2017，"Dynamic capabilities and organizational performance：The mediating role of innovation"，*Journal of Management & Organization*，pp.1—17.

二、中文

阿宝:《自动驾驶主流芯片及平台架构(二)特斯拉自动驾驶芯片平台介绍》,阿宝1990博客,2021年7月。

财富中文网:《2022年财富世界500强分行业榜:化学品》,在线电子文档,2022年8月3日。

陈波:《基于SWOT分析的我国共享汽车发展策略探究》,《重庆交通大学学报(社会科学版)》2020年第4期,第41—46页。

陈轶嵩、赵俊玮、刘永涛:《面向未来智慧城市的汽车共享出行发展战略》,《中国工程科学》2019年第3期,第114—121页。

德国可持续发展理事会:《可持续发展准则:企业可持续发展绩效对标基准》,研究报告,2020年1月。

德勤:《全球汽车供应商2022年第一季度最新动态报告》,研究报告,2022年5月31日。

邓立治、刘建锋:《美日新能源汽车产业扶持政策比较及启示》,《技术经济与管理研究》2014年第6期,第77—82页。

电动汽车观察家:《解读宝马电动化的短期、中期和长期战略》,在线电子文档,2022年3月21日。

工业和信息化部装备工业一司:《中国汽车产业发展年报》,研究报告,2021年。

郭爱芳:《企业STI/DUI学习与技术创新绩效关系研究》,博士学位论文,浙江大学,2010年。

国合会"绿色转型与可持续社会治理专题政策研究"课题组:《"十四五"推动绿色消费和生活方式的政策研究》,《中国环境管理》2020年第5期,第5—10页。

国际清洁交通委员会(ICCT):《全球汽车制造企业评级——2022谁是电动化转型的领先者》,研究报告,2023年5月31日。

亨利·埃茨科威兹:《国家创新模式:大学、产业、政府"三螺旋"创新战略》,周春彦译,北京:东方出版社2013年版,第12页。

洪金龙、高炳钊、董世营、程一帆、王玉海、陈虹:《智能网联汽车节能优化关键问题与研究进展》,《中国公路学报》2021年第11期,第306—334页。

侯秋芸:《超越日本,全球第一》,华尔街见闻,2023年6月7日。

胡金玲、赵锐、房家奕:《车联网C-V2X技术演进及产业实践》,《信息通信技术与政策》2020年第8期,第22—29页。

黄细里:《汽车行业深度报告:拥抱自主崛起!》,东吴证券,2020年。

江东、王娣、林刚等:《特斯拉汽车产业规划布局对中国电能耗和碳排放的影响评估》,《科技导报》2020年第16期,第140—145页。

江鸿、吕铁:《政企能力共演化与复杂产品系统集成能力提升》,《管理世界》2019年第5期,第106—125页。

江积海:《知识传导、动态能力与后发企业成长研究——中兴通讯的案例研究》,《科研管理》2006年第1期,第100—106页。

姜晓群、周泽宇、林哲艳等:《"后巴黎"时代气候适应国际合作进展与展望》,《气候变化研究进展》2021年第4期,第484—495页。

赖力、林康、杨坤等:《全球绿色新政背景下的低碳新经济战略思考》,《低碳经济》2020年第9期,第174页。

李光霁、刘新玲:《汽车轻量化技术的研究现状综述》,《材料科学与工艺》2020年第5期,第47—61页。

栗晓云、夏传信、施建军:《数字技术驱动制造企业高质量发展战略研究——基于三一重工、特斯拉和酷特智能的多案例研究》,《技术经济》2023年第5期,第149—161页。

林子健:《2022年汽车行业展望:站在格局重塑的起点上》,华福证券,2021年,在线电子文档。

林子健:《掘金十万亿汽车零部件大市场(一):特斯拉周期和自主崛起双轮驱动,国产零部件迎来发展的黄金时代》,华福证券,研究报告,2021年12月6日。

刘刚:《上海农业创新网络演化研究》,博士学位论文,华东师范大学,2017年。

刘洋:《Volkswagen AG-大众的汽车》,西南证券,研究报告,2018年12月12日。

柳岸:《我国科技成果转化的三螺旋模式研究——以中国科学院为例》,《科学学研究》2011年第8期,第1129—1134页。

卢嘉悦、李艳:《基于论文和专利数据的研究前沿挖掘研究——以智能网联汽车领域为例》,《中国发明与专利》2021年第1期,第13—20页。

罗兰贝格:《中国新能源汽车供应链白皮书2020》,研究报告,2020年9月。

宁德时代新能源科技股份有限公司:《2022年环境、社会与公司治理(ESG)报告》,研究报告,2023年3月。

前瞻研究院:《2022年中国31省市汽车产业政策汇总及解读》,在线电子文档,2022年9月20日。

任泽平:《特斯拉研究报告二:新科技综合体崛起》,恒大研究院,研究报告,2020

年12月4日。

石金漫、杨策:《率先步入纯新能源纪元,单车利润拐点已至》,中国银河证券研究院,研究报告,2022年5月22日。

世界经济论坛:《开拓进取:零碳汽车材料路线图》,研究报告,赛迪智库,494(21),2021年7月。

田丰:《吉利汽车:数字化转型从上云开始》,在线电子文档,2017年3月28日。

汪善进、程远:《欧洲新能源汽车现状与发展趋势》,《汽车安全与节能学报》2021年第2期,第135—149页。

王海、尹俊雅:《地方产业政策与行业创新发展——来自新能源汽车产业政策文本的经验证据》,《财经研究》2021年第5期,第64—78页。

王秋玉:《跨国并购对全球—地方创新网络的影响研究》,博士学位论文,华东师范大学,2018年。

王珍:《基于哈肯模型新能源汽车产业创新生态系统演化动力分析》,《运筹与模糊学》2023年第1期,第58—66页。

王振、彭峰等:《全球碳中和战略研究》,上海:上海社会科学院出版社2022年版。

魏文栋、陈竹君、耿涌、蔡闻秋、刘瀚斌:《循环经济助推碳中和的路径和对策建议》,《中国科学院院刊》2021年第9期,第1030—1038页。

吴先明、苏志文:《将跨国并购作为技术追赶的杠杆:动态能力视角》,《管理世界》2014年第4期,第146—164页。

阳银娟:《知识伙伴对企业创新绩效的影响研究》,博士学位论文,浙江大学,2014年。

杨松:《日本新能源汽车产业竞争力分析》,博士学位论文,吉林大学,2021年。

亿欧智库:《2022比亚迪新能源汽车战略布局研究报告》,在线电子文档,2022年12月31日。

张海丰、李国兴:《后发国家的技术追赶战略:产业政策,机会窗口与国家创新系统》,《当代经济研究》2020年第1期,第66—73页。

张雷:《中国新能源汽车电池产业发展动力机制研究》,博士学位论文,北京交通大学,2022年。

张倩、左巍:《基于"三螺旋理论"的高校创新型人才协同培养与创业教育研究》,《创新教育研究》2021年第9期,第189页。

张铁山、惠雅倩:《共享汽车与传统汽车绿色成本的比较分析》,《北方工业大学学报》2020 年第 1 期,第 1—7 页。

张懿:《超越大众,比亚迪市值跻身全球车企第三》,《人民论坛》2022 年 6 月 10 日,期刊文章。

赵福全、刘斐齐、刘宗巍、郝瀚:《中国汽车产业低碳化评价指标体系研究》,《中国工程科学》2018 年第 1 期,第 104—112 页。

赵隆昌、岳毅然、徐雄伟:《税收优惠,政策激励与企业创新——基于中国新能源汽车的行业发展现状》,《社会科学前沿》2021 年第 10 期,第 989—999 页。

郑春继、邓峰:《我国区域发展战略的技术追赶效应——基于西部大开发战略效应的再审视》,《当代经济研究》2022 年第 2 期,第 109—118 页。

朱灿、林豪慧、向林芳:《新能源汽车领域研究进展及前沿动态:基于 Citespace Ⅲ 知识图谱分析》,《广东工业大学学报》2020 年第 2 期,第 45—52 页。

图书在版编目(CIP)数据

"双碳"目标下汽车制造行业的全球变革及应对策略研究 / 王秋玉著. -- 上海：上海人民出版社，2024.（上海社会科学院重要学术成果丛书）. -- ISBN 978-7-208-19051-1

Ⅰ. F426.471

中国国家版本馆 CIP 数据核字第 20248XG277 号

责任编辑 王　琪
封面设计 路　静

上海社会科学院重要学术成果丛书·专著

"双碳"目标下汽车制造行业的全球变革及应对策略研究

王秋玉　著

出　　版　上海人民出版社
　　　　　　（201101　上海市闵行区号景路 159 弄 C 座）
发　　行　上海人民出版社发行中心
印　　刷　上海新华印刷有限公司
开　　本　720×1000　1/16
印　　张　15.5
插　　页　2
字　　数　184,000
版　　次　2024 年 9 月第 1 版
印　　次　2024 年 9 月第 1 次印刷
ISBN 978 - 7 - 208 - 19051 - 1/F · 2883
定　　价　78.00 元